20
respuestas
para cáncer
cervicouterino

vivir MEJOR

Dr. Ernesto Velázquez Osuna

20 respuestas para cáncer cervicouterino

VERGARA

México DF • Barcelona • Bogotá • Buenos Aires • Caracas • Madrid • Montevideo • Quito • Santiago de Chile

20 respuestas para cáncer cervicouterino
Primera edición, enero de 2011

D.R. © 2011, Ernesto Velázquez Osuna
D.R. © 2011, Ediciones B México, S.A. de C.V.
        Bradley 52, Anzures 11590, México, DF
        www.edicionesb.com.mx

ISBN: 978-607-480-099-9

A mis hijos,
Abigail y Ernesto Efrén,
motor de mi avance

Agradecimientos

A MIS PADRES MARGARITA Y TIBURCIO, por mi origen, mi educación y el ejemplo a seguir.

Al hombre guía de mi vida profesional, Dr. Héctor Arriola Díaz, cirujano oncólogo y a su esposa Lupita, por su confianza y enseñanzas plenas y sabias, que han extendido su quehacer al beneficio de muchas pacientes.

A Lorena, por su compañía en este ambicioso proyecto y en la vida.

A mis hermanos y hermanas, por estar en este camino siempre juntos.

A Yeana, por encarar esta prueba de permanencia profesional.

A Carlos Graef y a su gran equipo editorial, por hacer palpable este esfuerzo.

A César Gutiérrez, por su inobjetable dirección en cada párrafo escrito y por su optimismo perenne.

A todas y cada una de las mujeres que han padecido cáncer cervicouterino que han dado lo mejor de sí, en su vida y en su muerte, para fortalecer el mejoramiento de las demás.

Índice

Introducción 15

1 ¿Qué es el cáncer cervicouterino? 19

2 ¿Cuántas mujeres padecen 31
cáncer cervicouterino?

3 ¿Qué factores influyen 39
para contraer la enfermedad?

4 ¿Cuáles son las consecuencias 43
de la enfermedad?

5 ¿Cómo se detecta el cáncer cervicouterino? 49

6 ¿Es posible prevenir el cáncer cervicouterino? 57

7 ¿Puedo heredar el cáncer cervicouterino? 67

8 ¿Cómo influye el virus del papiloma humano 71
como factor de riesgo?

9 Mi papanicolaou dio resultado positivo, 77
¿qué debo hacer?

10 ¿Cuáles son las formas de tratamiento 89
del cáncer cervicouterino?

11 ¿Qué debo esperar del tratamiento? 99

12 ¿Cuál es el mejor tratamiento 103
para las displasias?

13 ¿Cuáles son los tratamientos 117
para el cáncer cervicouterino?

14 ¿Qué pasa si no me trato 125
o si dejo el tratamiento
para después?

15 ¿Cómo será mi vida a partir de ahora? 129

16 ¿Qué deben saber mi familia, mis amigos 133
y mis empleadores?

17 ¿Qué es mito y qué realidad? 137

18 No he tenido hijos, ¿cómo me afecta 141
el cáncer cervicouterino?

19 Estoy embarazada 145
y tengo cáncer cervicouterino,
¿qué debo hacer?

20 Es mi primera pareja sexual y yo la suya 151
¿tenemos riesgo de infectarnos?

Introducción

A PRINCIPIOS DEL SIGLO XX, época en la que comenzó una nueva revolución industrial, se dieron los primeros grandes avances en medicina —como el desarrollo de técnicas quirúrgicas amplias, el descubrimiento de importantes medicamentos como la penicilina y la aspirina, el desarrollo de los primeros fármacos para el tratamiento del cáncer, la radiactividad terapéutica, etcétera—. Sin embargo, la actividad del ginecólogo frente a su paciente estaba limitada al respeto exagerado del pudor, de manera que la exploración y revisión ginecológicas (visualización de los genitales) sólo se llevaba a cabo en pacientes de bajos recursos que acudían a sanatorios u hospitales públicos. Por ello, el universo médico de la vagina estaba sólo bajo la mirada de algunos renombrados médicos jefes o encargados de estos servicios. Además, sólo algunas obvias y macroscópicas lesiones eran encontradas y estudiadas. Los resultados se publicaban en revistas prestigiosas y se mostraban en grandes foros, pero las decenas de médicos presentes no alcanzaban a captar visualmente algo. Entonces se resolvió que las lesiones cancerosas avanzadas, prácticamente en el periodo del desahucio de la paciente, fueran las que se mostraran a los médicos encargados de los pabellones hospitalarios.

Así, las pacientes con cáncer cervicouterino deberían esperar unos años más para beneficiarse de los avances tecnológicos que ya había en otras áreas del conocimiento, y de la medicina en específico.

En 1927, un doctor, de nombre Wertheim, dio a conocer por primera vez la técnica de la cirugía radical de la pelvis para el tratamiento del cáncer cervicouterino invasor. La cirugía tuvo éxito, pero dejaba daños irreparables en diversos órganos pélvicos y abdominales, como lesiones en vejiga, pérdida de la función de vaciado y de contención de la orina; en los intestinos; el recto; y la función sexual de la vagina.

En 1947, el doctor George Papanicolaou mostró a la comunidad científica su técnica de detección de células anormales en el tejido del cuello uterino, y una nueva clasificación de las mismas, basada en el grado de severidad: normales, inflamatorias, sospechosas y cancerosas.

Posteriormente, fue a mitad del siglo xx que se logró acceder a las lesiones que dan pie al desarrollo del cáncer cervical, naciendo una nueva lección en ginecología, que es el estudio y tratamiento temprano, disminuyendo, hasta la fecha, los casos de muerte por esta enfermedad.

Avanzado el siglo, se dieron más adelantos: cirugías de mínima invasión para el tratamiento de lesiones del cuello uterino, la energía alterna en la modalidad de la electrofulguración o quemadura local mediante electricidad, técnicas para extirpar la lesión del cérvix sin necesidad de extirpar el cuerpo uterino, permitiendo que la enferma, sobre todo de lesiones iniciales no invasoras fuera del cuello, pudiera tener la opción de procrear más hijos.

En los años setenta se desarrolló la técnica llamada criocirugía que permite la destrucción mediante la congelación de una lesión del cuello uterino, en forma dirigida, controlada y de carácter ambulatorio, que no amerita ni anestesia ni el uso de un hospital. De ella hablaré ampliamente en el libro.

En la década de 1980 surgió el uso de la luz incandescente del láser como un arma más para el manejo de las lesiones precursoras del cáncer cervicouterino.

Luego fueron surgiendo otras técnicas, que abordaré específicamente en el libro. Me interesa dejar claro que estamos en una época en la que con una detección temprana se evitaría la muerte de la paciente. Actualmente, las vacunas contra el virus del papiloma humano, agente precursor de esta enfermedad, se están utilizando desde hace unos ocho años. Es posible que en el año 2025 la mayoría de los países en todo el mundo la institucionalicen, haciéndola obligatoria en las cartillas de vacunación. Con ello disminuirá drásticamente la incidencia de cáncer cervicouterino y de sus lesiones precursoras.

CÁNCER CERVICOUTERINO?

1

¿Qué es el cáncer?

Todos hemos oído hablar del cáncer: algún familiar, amigo o vecino lo ha contraído, y solemos usar su nombre como sinónimo de enfermedad terminal. Cuando escuchamos la palabra cáncer como parte de un diagnóstico solemos responder con angustia y temor ante lo que pueda ocurrir. Sin embargo, a menudo no sabemos exactamente en qué consiste ese mal tan terrible que aparentemente nos rodea por todos lados.

> El cáncer no es propiamente una sola enfermedad aislada: es un conjunto de enfermedades caracterizadas por una alteración de los mecanismos normales de desarrollo y muerte celular en nuestro organismo.

La enfermedad ocurre cuando, en un tejido específico (sea el de la piel, la sangre, el estómago o cualquier otro, de cualquier órgano o sistema), se empiezan a producir y reproducir células idénticas a las del tejido en cuestión, llamadas *clonas*, que no realizan la función que deberían. Sin embargo, las clonas sí consumen la energía vital como lo hacen las células sanas, y actúan entonces como parásitos del tejido. Por ejemplo, en el caso específico del útero, éste tiene células externas que lo protegen e internas que producen una mucosidad que sirve para que no penetren bacterias o líquidos. Cuando dichas células terminan su ciclo de vida, se desprenden. Pero si hay células clonas, éstas no hacen ninguna de la dos funciones, tienen una vida más prolongada, comen más y, por si fuera poco, destruyen a las células normales, pueden provocar úlceras en el resto del tejido.

Entonces, a diferencia de las células sanas, que tienen un ciclo normal de vida útil y luego mueren, las células cancerosas llegan a expandirse y entonces se vuelven capaces de invadir los tejidos adyacentes e incluso diseminarse hacia sitios distantes en el organismo. Un *tumor* es un agrupamiento de estas células anómalas.

Clona: es una célula idéntica a la del tejido en donde se forma, pero que no cumple su función y sí consume la energía vital del cuerpo.

Causas de su aparición

Todo organismo vivo posee capacidades para equilibrar los mecanismos de proliferación y muerte de sus distintos tejidos. Sin embargo, en el caso específico del cáncer, el ser humano tiene también genes cancerígenos que promueven el desenvolvimiento de células idénticas sin función que pueden terminar por desarrollar tumores, al igual que genes supresores que luchan contra este mecanismo. Cuando se pierde el equilibrio, ya sea por predisposición genética del individuo o por una diversidad de factores externos y ambientales, se producen facilidades para la aparición y desarrollo de la enfermedad. Este proceso se conoce como *carcinogénesis.*

Los factores *etiológicos* o causales son los que, de modo directo, ocasionan la transformación maligna, y desencadenan una variedad de mecanismos genéticos y bioquímicos que conducen a la aparición de un tumor. Para explicarlo menos técnicamente, es como comparar dos postes de la luz de acero, que son fuertes y que sostienen cables de alta tensión. Uno de ellos se encuentra en la ciudad de México, sobre Paseo de la Reforma, y el otro en el malecón del puerto de Mazatlán, Sinaloa. El primero necesitará mantenimiento preventivo quizá cada tres años, pues sólo las lluvias, el sol y la contaminación pudieran afectar su estructura levemente. En cambio, el segundo se dañará mucho más a causa de la humedad y la sal de la brisa marina, primero en pequeños puntos que se extenderán hasta destruir al robusto e imponente arbotante.

A la fecha, se estima que 85% de los factores que favorecen el desarrollo de la enfermedad son de carácter ambiental. Entre ellos debemos tomar en cuenta los cambios del entorno como los propiciados por el deterioro ecológico, la contaminación del agua y la atmósfera, y en particular las fallas en la capa de ozono, que permite la llegada de rayos solares con longitudes de onda que no deberían atravesar la atmósfera: la exposición de nuestra piel (el órgano más extenso que poseemos) a los rayos UV la vuelve exageradamente sensible y puede alterar sus mecanismos de equilibrio.

También se ha ligado con el desarrollo del cáncer el uso de diversas sustancias en la producción y envasado de alimentos, desde aquellas que modifican la estructura molecular de las plantas comestibles durante su cultivo, hasta los pesticidas agresivos que se emplean como defensa contra las plagas, pasando por productos empleados para mejorar y acelerar su crecimiento, aumentar la productividad de los insumos, así como los procesos industriales pensados para hacerlos accesibles al mercado del consumidor: cocción, preservación, crioconservación, enlatado y presentación para su uso. Básicamente, toda sustancia que modifica la estructura molecular de cualquier líquido, mineral o tejido animal o vegetal, necesariamente tendrá acción a corto, mediano y largo plazo en todo su trayecto, ya sea de manera directa o indirecta. Imagina que los techos de las casas son construidos con materiales de calidad adecuada, con una determinada inclinación, su impermeabilización y les colocan ductos de desagüe para la eliminación del agua de la lluvia. Si tales ductos se tapan ya sea por hojas secas de los árboles o basura, se acumulará cierta cantidad de agua, que empezará a filtrarse a las imperceptibles fallas del techo y del impermeabilizante, mojando el grosor del techo; llegarán hasta el interior de la casa y, si persiste, puede hacer un orificio y afectar toda su estructura. Así ocurre, por ejemplo, con el alcohol. Si lo bebemos de manera moderada resulta benéfico para la digestión, pero si las circunstancias son modificadas (aumento en la cantidad, mayor frecuencia de consumo, alcohol de mala calidad, malnutrición, etcétera), puede endurecer y destruir al hígado, logrando terminar con la vida del individuo.

> Sólo 5% de los factores desencadenantes se adjudican a la herencia, a la carga genética de cada individuo o familia, sobre todo en los países desarrollados. Por ejemplo, es notorio el caso registrado de algunas familias judías con genes cancerosos dominantes para cáncer de mama y de ovario.

La herencia y el cáncer

Como puedes ver, se estima que apenas un 5% de los factores etiológicos (o sea: que causan la enfermedad) se deben a la herencia. Esto significa que, aunque pertenecer a una familia con antecedentes de cáncer te vuelve algo más propensa a desarrollar la enfermedad, lo cierto es que a la genética se deben combinar otros factores para padecer el mal. Lo importante es conocer los antecedentes familiares y estar consciente de los medios de prevención y detección de la enfermedad, y saber que por ser más propensa debes cuidarte más. Pero el que pertenezcas a una familia en donde el cáncer sea común no significa que necesariamente lo vayas a padecer.

El factor más estudiado, y confirmado como el más importante en el riesgo para desarrollar cáncer, es el consumo de tabaco. Esta sustancia está inmiscuida en el desarrollo de casi todos los cánceres humanos, pues sus múltiples elementos cancerígenos inhalados, absorbidos por la piel y el aparato gastrointestinal, llevados a través de la sangre, etcétera, actúan al inicio de una *neoplasia,* o proceso de nuevo crecimiento.

Neoplasia: es el proceso de crecimiento anormal de células en un tejido. El resultado es un neoplasma. Algunos neoplasmas forman tumores que pueden ser benignos o malignos. Sin embargo, otros más no se agrupan en tumores (es el caso de la leucemia).

También algunos virus y bacterias parecen actuar de manera importante en el desarrollo de una neoplasia maligna o precursora de una malignidad. Por ejemplo, la bacteria conocida como *Helicobacter pylori* se relaciona con el desarrollo de cáncer gástrico. Asimismo, algunos parásitos son factores importantes en otras neoplasias malignas.

La esencia de la transformación de células de nueva creación (o transformación neoplásica), y lo que facilita su propagación, radica en que las mutaciones permiten a la célula y a su progenie acumular y perpetuar alteraciones que le confieren ventajas sobre las células normales: se vuelven más resistentes y se reproducen con mayor facilidad, mientras que no cumplen con su función normal en el tejido, sino sólo con la de desarrollarse y reproducirse. Asimismo, las células tumorales desarrollan la capacidad de *metástasis*, es decir, la creación de un nuevo tumor fuera o alejado de su sitio original. Por ejemplo, puede suceder que un cáncer de mama produzca un tumor de idéntica estirpe a la suya en cerebro, hígado o hueso, sustituyendo a las células originales. Para esto, las células del nuevo tumor desarrollan algunas mutaciones adicionales que le permiten realizar este mecanismo secundario, deteriorando a estos órganos vitales y provocando cambios en su función y, finalmente, la muerte del individuo.

> **Metástasis:** es la propagación de un proceso canceroso a un órgano distinto de donde se originó.

No existen datos clínicos típicos del cáncer, pues éste se manifiesta dependiendo de la localización y el volumen del tumor inicial o primario, y de si ha habido metástasis. También es posible que la malformación produzca sustancias que modifiquen la función de otros órganos; a este fenómeno se le llama *síndrome paraneoplásico*. De hecho, algunas manifestaciones percibidas semejan a la función común de determinado órgano afectado; por eso nunca se debe descartar la presencia de cáncer en el diagnóstico de cualquier enfermedad.

Algunos tumores, quizá la mayoría, por los signos y síntomas que presentan, pueden pasar inadvertidos, pues suelen ser asintomáticos, es decir, no provocar ninguna diferencia en el acontecer cotidiano del portador enfermo. Esto puede implicar que, cuando manifiestan su presencia, ésta ya es fruto de una situación avanzada y generalmente fuera de las posibilidades de tratamiento curativo. Por ello, el esfuerzo actual de los profesionales en el estudio y manejo del cáncer, está encaminado a la detección, diagnóstico y tratamiento de la anomalía en etapas iniciales o tempranas, antes de su manifestación clínica, o sea, de manera previa a la percepción de su actividad en el organismo.

No se cuenta en la actualidad con un tratamiento eficaz para el manejo curativo de los cánceres cuando provocan metástasis, por lo que el individuo portador de la enfermedad sólo es candidato, en el mejor de los casos, al manejo paliativo, es decir, a la atenuación de los síntomas que provoca el avance irremediable hasta la muerte.

Al paciente en estos casos se le puede ofrecer manejo del dolor, evitar el deterioro total de su calidad de vida, tratar de que su cuerpo no desarrolle úlceras en los sitios de presión al estar en una sola posición por periodos prolongados, cuidar que su alimentación y la disposición (o recolección) de su orina y excremento sean adecuadas, así como su estado de ánimo, evitando la soledad y el desamparo de su familia. Para esto los oncólogos se apoyan en los especialistas en tanatología (del griego *tánatos*, muerte), de modo que en su momento al paciente con una enfermedad tumoral maligna avanzada se le confiera, finalmente, calidad de muerte.

> El cáncer ha sido un compañero inseparable de la humanidad desde sus inicios, quizá una parte del equilibrio natural o igualmente producto del crecimiento equivocado de sus células, influido por factores extrínsecos e intrínsecos que modifican nuestro genoma.

Cáncer cervicouterino

En términos de incidencia, el cáncer cervicouterino es la segunda enfermedad cancerosa en la mujer, solamente precedida por el cáncer de mama. En el 2005 se reportaron 4 273 defunciones por cáncer cervicouterino, en México, que corresponde a 11.7 mujeres muertas diariamente por la enfermedad, pero va disminuyendo un 5% anualmente su tasa de muerte desde el año 1998.

El cáncer cervicouterino se manifiesta por un crecimiento tumoral en el cuello uterino. Se trata de una enfermedad de transmisión sexual ya que se contrae mediante el contagio de su precursor o causa de origen, el virus del papiloma humano (VPH), que contamina el cuello uterino de la mujer contagiada en el momento en que es susceptible o sensible a contraer este virus. El VPH incide mayormente en las mujeres que inician su vida sexual de manera temprana, antes de los 18 años; y en quienes han contado con más de tres compañeros sexuales, o en los casos en que éstos tengan o hayan tenido más de tres compañeras sexuales. La enfermedad se ve agravada por el hábito de fumar tabaco y la adquisición del virus de la inmunodeficiencia humana (VIH).

La palabra *cerviz*, de origen latino, significa "cuello"; de ahí que hablemos, por ejemplo, de vértebras cervicales. En años recientes se ha tomado una forma más cercana a la latina, *cérvix*, para referirse al cuello del útero. De modo que ambas palabras designan un cuello, pero en dos áreas distintas del cuerpo.

Al desarrollo de la enfermedad contribuyen el nivel socioeconómico y cultural de la paciente: tanto la falta de conciencia de la necesidad de revisarse periódicamente (aunque, por supuesto, este problema no es privativo de la clase baja), como la alimentación deficiente en nutrientes, pueden llevar a que la persona sea más suceptible para la adquisición del VPH. Más adelante hablaremos de la prevención y detección del VPH.

La manera de diagnosticar el cáncer cervicouterino es mediante la toma periódica del examen de papanicolaou. Cuando este examen da un resultado sospechoso o francamente sugestivo, amerita que se realice un estudio de colposcopía, que consiste en una visualización directa del cuello uterino que permita localizar la lesión, y realizar la toma de una muestra significativa para su estudio y espe-

Si la enfermedad no es tratada a tiempo, tiene la probabilidad de afectar a los órganos que la avecinan, afectando así la calidad y la esperanza de vida de la mujer afectada.

cificación por el médico patólogo; la obtención y estudio de esta porción del tejido se llama biopsia dirigida.

Toda mujer con vida sexual iniciada, sin importar si es activa o no, es candidata a contagiarse o haberse contagiado con el VPH y así poder desarrollar la enfermedad.

Como ya se mencionó, desde el año 1998 ha habido una disminución gradual de 5% cada año en la tasa de mortalidad por cáncer cervicouterino, gracias a las campañas nacionales de las diversas instituciones de salud, ya que concientizan a la población para acudir a la toma de la prueba de papanicolaou, así como gracias a la revisión periódica y al mejoramiento de los hábitos higiénico-dietéticos, además de la implementación de las Clínicas de Displasia en todo el país, que han logrado que un gran número de mujeres tengan acceso a este servicio, tanto de modo gratuito como de bajo costo.

Habría mejores resultados en torno a la prevención de este cáncer si se forman más profesionales en el tema, mejores citólogos revisores de muestras; si se eficienta la entrega de los resultados y adecúa el control de calidad de los mismos.

Con ello se logrará que la detección oportuna sea cada vez más extendida y accesible, más profesional y que el tratamiento adecuado sea instituido en todo México, para

Cada día es más factible detectar las lesiones que provocan cáncer cervicouterino. Los tratamientos son menos agresivos y más eficaces incluso en una sola sesión y de manera ambulatoria en un consultorio o clínica de medicina familiar. Por ello, serán pocos los casos avanzados por tratar y el cáncer cervicouterino se presentará en aquellas mujeres que tuvieron desidia en ir a checarse.

que la enfermedad dañe cada vez menos a la población femenina mexicana.

Si cada mujer acudiera a sus revisiones periódicas, a mediano plazo esta enfermedad en su modalidad de avanzada sería menos frecuente, afectando a menos mujeres y dejando los tratamientos agresivos solamente para contados casos, quedando finalmente en la memoria histórica de la medicina.

¿CUÁNTAS MUJERES PADECEN CÁNCER CERVICOUTERINO?

2

CÁNCER, DEL LATÍN «CANGREJO», es una palabra terrible que por siglos ha estado ligada a la muerte. En el siglo xx comenzó la batalla contra esa enfermedad, con ello inició el estudio de su origen, la comprensión de su historia natural, de sus efectos directos sobre la parte corporal donde nace y las consecuencias en los sitios del cuerpo a donde se traslada, para el ataque directo en sus diferentes modalidades.

Como carecemos de una adecuada educación de salud preventiva, generalmente acudimos al médico al percibir un malestar agudo, que nos impide desarrollar nuestra vida cotidiana.

La mayoría de las enfermedades comunes dan signos y síntomas que hacen evidente su presencia. Por ejemplo, la gripa o resfriado común presenta dolor en la garganta al pasar saliva o alimento, catarro o escurrimiento nasal, además de malestar en el cuerpo. Algunas otras son silenciosas en su avance y se muestran una vez que ya han ocasionado un daño irremediable, tal como la diabetes, la aterosclerosis y la acumulación de grasa o colesterol en las venas y arterias. Dentro de estas últimas se encuentra el cáncer. Casi todas sus variantes son asintomáticas, sobre todo en la etapa inicial, en la que puede ser erradicado de manera completa y llegar así a su curación. Comúnmente se detecta en estadios avanzados: ya afectó de manera importante al órgano donde se originó e incluso ha avanzado a los órganos vecinos. Así ocurre con el cáncer de mama, colon, ovario, pulmón, páncreas: no existe un método o prueba confiable para detectarlo en las etapas previas al desarrollo de la enfermedad.

En cambio, para el cáncer cervicouterino contamos con la prueba o examen citológico de papanicolaou, que es confiable y económicoa, accesible para todas las mujeres. Es vital para detectar las displasias cervicales y los cambios que ocasiona el causante de ellas que es el virus del papiloma humano (VPH).

En México, sólo 28% de las mujeres sexualmente activas o con el inicio de su vida sexual se ha practicado una prueba de papanicolaou una vez en su vida. El 72% restante queda expuesto a la enfermedad.

Este pobre porcentaje en las revisiones de mujeres es producto de varios factores, entre ellos la idea del *pudor genital,* ya sea por la pena de mostrar las partes íntimas a una persona que no sea su pareja, o que ésta le prohiba tajantemente acudir a un centro de salud a practicárselo.

Generalmente, la mujer mexicana deja en último lugar de sus actividades importantes el cuidado de su persona, antes que cuidar su salud. Le resulta más importante el cuidado de los hijos, la atención al esposo o pareja, el aseo de la casa, etcétera.

Por ello, el arreglo personal, el ejercicio, las relaciones sociales y los chequeos médicos rutinarios —dictados por la Norma Mexicana para determinados padecimientos— quedan relegados al último en la escala de valores y necesidades realizables.

Existen, además de esos tabúes, los temores o decepciones que surgen por haberse enterado de historias de mujeres que, a pesar de examinarse anualmente, padecieron y murieron de cáncer. Claro, ese miedo e indiferencia nacen de la ignorancia al no haberse cerciorado de si el cáncer fue genital o de otro tipo. A eso hay que sumarle la desconfianza de la población hacia las instituciones de salud, a la veracidad de los resultados de éstas, derivada de que el personal que revisa las muestras generalmente son técnicos a quienes hacen analizar más laminillas de las autorizadas, pues cada citotecnólogo (es decir, el técnico preparado para revisar las muestras de las tomas de la prueba de papanicolaou) no debe ver más de cincuenta de ellas por día; a que el control en la calidad no siempre es certificado por un médico patólogo experto, y ni hablar de la falta de preparación de algunos que toman las muestras, así como la correcta preparación de las mismas, etcétera.

Todos esos elementos hacen que las mujeres muestren desidia para checarse, sobre todo cuando no presentan secreción anormal, dolor, mal olor, comezón o alguna otra sensación no común.

> Las lesiones que dan pie al desarrollo de cáncer cervicouterino no muestran ningún signo o síntoma, o sea, no se percibe algo que haga dudar a la portadora de una lesión sino hasta que comienza a haber sangrado, flujo diferente al normal y después un daño más profundo que irremediablemente –si no se trata– la llevará a una muerte dolorosa.

La prueba de papanicolaou es sencilla y ha salvado miles de vidas. Por ello es necesario realizarla periódicamente, con todo y que la paciente suponga que no tiene factores de riesgo potencial, como el ser monógama y fiel a su relación, o que todos sus papanicolaou anteriores hayan sido siempre normales, incluso a pesar de ya no tener vida sexual activa.

> El pensamiento de "a mí nunca..." puede conducir a la aparición de una enfermedad avanzada, pues se deja pasar un tiempo valioso para el tratamiento adecuado y oportuno.

Igual de desafortunadas resultan las "consultas" *de pasillo* o *de banqueta* con las vecinas o las compañeras de trabajo, en las que siempre hacen su aparición "expertas" en la materia, cuyas "atinadas" opiniones "ayudarán magníficamente" a la que padece.

Si no acudes con el especialista perderás un tiempo esencial para evitar que la enfermedad avance.

Cabe destacar que la primera muestra de papanicolaou es la más importante pues recoge la parte más representativa del ciclo celular del cérvix uterino. En caso de requerir la repetición del examen para una segunda opinión, para que la siguiente muestra sea confiable deberán transcurrir por lo menos seis semanas entre una y otra. Antes de ese tiempo no es fiable. Por eso es preferible solicitar la revisión de la misma laminilla que se utilizó en la primera prueba.

El objetivo de este libro es crear conciencia acerca de todo esto, para que las mujeres mexicanas tengan mayor expectativa de curación en caso de contraer este cáncer, y que año con año hablemos de menos casos.

El cáncer cervicouterino en el ámbito mundial

Cerca de medio millón de nuevos casos se reportan cada año. La mayoría se presenta en países en vías de desarrollo, donde suele no contarse con un adecuado sistema de salud que abarque programas de detección oportuna, específicamente en la realización masiva del examen de papanicolaou, por lo cual el cáncer cervicouterino es la primera causa de muerte femenina en estos países.

Su incidencia más alta se ha registrado en América central, del sur, en el Caribe y en el oeste y este de África. En nuestro continente existe una correlación media entre incidencia de casos y muertes, sin embargo, en África tiene una desproporcionada y gravísima tasa de mortalidad.

La incidencia y mortalidad en los Estados Unidos ha declinado en los últimos cincuenta años, gracias al desarrollo de la detección oportuna con la prueba de papanicolaou y a la disminución de la tasa de natalidad. En ese país representa la sexta causa de tumor maligno en la mujer, aunque las mujeres más afectadas son de la raza negra y latinas.

En América Latina, una de cada mil mujeres entre los 35 y los 55 años de edad padece de cáncer cervical. En la década de 1980 hubo casi siete millones de defunciones por esa causa en esta región, es decir, un promedio de sesenta mensuales.

En todo el mundo, de un total de 8.7 millones de casos nuevos, 3.3 procedían de los países desarrollados y 5.4 de las naciones en vías de desarrollo.

La situación en México

En México, el cáncer cervicouterino es ya la segunda causa de muerte femenina, después del de mama. Provoca la muerte de una mexicana cada dos horas, ocasionando así un grave problema de salud pública, aunado a que una enorme proporción de las pacientes jamás se ha practicado los estudios necesarios.

En México se registran más de 23 000 casos nuevos anualmente, que representan 45 casos por cada 100 000 mujeres, con alrededor de 4 500 muertes al año. Se presenta mayormente en mujeres entre los 25 y 64 años, que es la edad de mayor productividad, en la que la mujer es el eje de la familia y parte muy importante como fuerza de trabajo.

En términos económicos, el mayor impacto por las muertes de cáncer cervicouterino se da en la pérdida de años potencialmente productivos, así como en los años de vida potencialmente perdidos (AVPP). Si tomamos en cuenta la expectativa de vida de la mujer en nuestro país, que es aproximadamente de 75 años, una mujer que pierde la vida por esta enfermedad a los 30 años, dejaría una pérdida potencial de 45 años, lo que daría un promedio de más de doscientos mil años.

En estudios actualizados en nuestro país se ha comprobado un aumento en la incidencia del cáncer anal y rectal, sobre todo en mujeres, que incluso rebasa al segmento de homosexuales masculinos, quienes a su vez padecen un aumento de casos con cáncer de lengua, orofaringe y laringe, resultado de la práctica sexual por la vía anal así como oral, respectivamente.

Tales cánceres no aparecen en parejas monogámicas, como lo demuestra el caso de Israel, que reporta cero incidencias de cáncer genital, debido a que la religión judía insta a la monogamia y a que los varones son circuncidados desde su nacimiento.

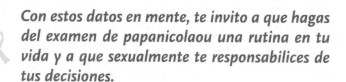

Con estos datos en mente, te invito a que hagas del examen de papanicolaou una rutina en tu vida y a que sexualmente te responsabilices de tus decisiones.

¿QUÉ FACTORES INFLUYEN
PARA CONTRAER LA ENFERMEDAD?

3

Hereditarios

Respecto a este factor, nada: no existe ninguna evidencia seria y verificable de que el contagio del vph y el posterior desarrollo de un cáncer cervicouterino sean por herencia genética. Más bien son resultado del comportamiento personal en cuanto al tipo de actividad sexual, del inicio temprano de ella. Del mismo modo, influye tener más de dos o tres compañeros sexuales, o que el compañero sexual haya tenido o tenga a su vez más de dos o tres compañeras sexuales y que con alguna de ellas se hubiese contagiado del virus del papiloma humano (vph), o del virus de la inmunodeficiencia humana (vih).

Los factores culturales y socioeconómicos, así como la limitada cobertura en la asistencia en la salud, aunada a la deficiente concientización provocan que, en países en desarrollo, el cáncer cervicouterino ocupe un lugar preponderante.

Factores de bajo riesgo

- Nivel socioeconómico
- Ser de raza negra o latina
- Hábitos higiénico-dietéticos deficientes
- Dietas bajas en folatos (ácido fólico) y altas en carbohidratos
- Sedentarismo y obesidad

Factores de alto riesgo

- Inicio de la vida sexual antes de los 18 años
- Múltiples compañeros sexuales
- Compañero sexual con múltiples parejas previas
- Infección por VIH
- Infección por VPH
- Consumo de tabaco

Lo anterior requiere de especial atención pues nuestra cultura está siendo trastornada por la imitación, cada vez mayor, de la manera de vivir y comportarse de nuestro país vecino en nuestra frontera norte, los Estados Unidos. Me explico: nuestras jóvenes están adquiriendo el hábito de fumar tabaco en una proporción mayor que los varones y a una edad más temprana, además inician precozmente su vida sexual. Entre los 12 y los 17 años las condiciones anatomo-fisiológicas de las mujeres son más vulnerables a los agresores coitales, tales como la agresividad de los aminoácidos que componen el semen, los cuales modifican el cérvix uterino. Por otro lado, el intercambio sexual (tener una pareja tras otra constantemente) aunado a un descuido higiénico, como el poco uso del preservativo o condón (que ciertamente no protege contra todas las infecciones, sobre todo las virales, pero sí es una barrera para bacterias, parásitos y semen), favorece la adquisición de factores predisponentes o precursores de una lesión cervical que puede provocar un problema mayor.

Si a todo ello le agregamos el uso de anticonceptivos hormonales (la pastilla del día siguiente o píldora de emergencia, anticonceptivos orales, inyectables, en parche, en implante transdérmico, dispositivo intrauterino, anillo cervical con progesterona, etcétera), el embarazo no deseado, el aborto provocado (ya sea por médico o por una persona no profesional, por sustancias farmacológicas o un sinfín de artilugios emergentes que se recomiendan de boca en boca, sin control de calidad ni institucional), la práctica sexual variada y la diversidad sexual poligámica, seguiremos teniendo a este enemigo viviendo en casa.

Entonces, podemos concluir que la existencia de un cáncer genital —en este caso del cuello o cérvix uterino—, es producto de:

- El comportamiento sexual
- La falta de exámenes periódicos de papanicolaou
- Los malos cuidados higiénico-dietéticos
- La ignorancia respecto al tema

Los índices de cáncer cervicouterino no son sino un reflejo de la falta de previsión ante la presencia de cualquier enfermedad, así como a nuestra costumbre de no acudir con un profesional, ya sea público o privado, para la atención oportuna, adecuada, factible y completa para la detección, diagnóstico certero y manejo integral de cualquier padecimiento.

Por lo tanto, debemos crear conciencia para transitar año con año a una vida plena y tranquila en la que los casos de cáncer de cérvix sean cada vez menos.

¿CUÁLES SON LAS CONSECUENCIAS DE LA ENFERMEDAD?

4

EL CÁNCER CERVICOUTERINO es un trastorno de las células que componen el cuello uterino, las cuales modifican su comportamiento y olvidan su función normal, sufren cambios paulatinos y, si las circunstancias del entorno le favorecen, inician la destrucción del órgano que les dio origen.

Lo explicaré más detalladamente: el virus del papiloma humano (que es el causante del posterior desarrollo del cáncer) introduce su información genética o ADN al núcleo de la célula invadida, la enferma y hace que pierda su función normal. Al principio las células sufren inflamaciones de leves a moderadas; luego esas inflamaciones son cada vez más graves, inducen destrucción celular al mismo tiempo que provocan crecimiento anormal y proliferación de cúmulos de células que no se mueren (como naturalmente tendría que pasar), lo que forma un tumor.

Una vez que las células malignas se han conformado en tumor, aprovechan el desequilibrio provocado en el sistema de defensa del organismo, e inician entonces su propagación: destruyen la estructura del cuello uterino e invaden los órganos vecinos, tales como la vagina, el recto, los vasos sanguíneos y los ganglios linfáticos de la pelvis.

Hasta este momento la enfermedad es silenciosa, asintomática. La mujer enferma no percibe que algo anda mal en su cuerpo, por lo que no le pasa por la mente realizarse algún estudio. Así, el mal prosigue sin obstáculos.

En México estamos mal educados y acudimos a atendernos hasta que sentimos algo anormal, algo que realmente nos impide realizar nuestras actividades regulares. Lo primero que solemos hacer es ir a consultar al encargado de la farmacia, a la vecina o a la amiga. Tenemos la obligación de cambiar esos hábitos.

Mi recomendación es que si en los signos iniciales se percibe un flujo o desecho vaginal no común, como moco abundante que en ocasiones pudiera acompañarse de sangre, no se recurra a la típica medida utilizada: la aplicación de medicamentos para tratar la mayoría de las infecciones o molestias genitales. Tales medicamentos son anunciados indiscriminadamente tanto en el radio como en la televisión, los podemos adquirir en cualquier farmacia, tienda departamental o en la tienda de la esquina, ya sea en forma de tabletas, óvulos, gel o cremas, que quizá puedan provocar alguna mejoría discreta. Ello da la sensación de tranquilidad, y hace pensar a la paciente que el problema en realidad es de leve importancia. En el mejor de los casos sólo es una infección, pero si se trata de VPH se da pie a que la progresión de la enfermedad tumoral prosiga su inevitable avance.

El hecho de que un órgano o parte del cuerpo se encuentre enfermo, modifica su función o la propia forma del mismo, pero si éste se encuentra fuera del alcance, tanto de la vista, el tacto o del olfato del enfermo, pasará, inevitablemente, desapercibido. Eso es motivo para que se retrase la atención al problema, para evitar darse cuenta de que existe una progresiva anormalidad que crece y avanza lenta pero implacable y que deteriora el organismo.

Hasta que aparecen los primeros síntomas palpables, concretos, es cuando se acude a consulta con el médico, ya sea en una institución de salud pública o con un doctor privado. Corresponde al médico determinar si es necesario prescribir un examen más extenso de la zona genital, bajo la observación directa de los genitales y de la toma de muestras que apoyarán para un diagnóstico certero.

Consecuencias

En muchos casos, por atenderse tardíamente se pierde la oportunidad de un tratamiento sencillo para obtener más fácilmente la curación de la enfermedad.

 Si no acudes a tiempo con un especialista, permitirás el desarrollo natural de la enfermedad, que se manifestará cuando su avance ya sea grave.

En mi experiencia he atendido enfermas de cáncer cervicouterino en una etapa avanzada, en la que padecen ya sangrado por la vagina de escaso a profuso de manera involuntaria, fuera de la menstruación común o en la mujer en la menopausia, a través de la orina o al defecar. En esos casos se infiere lesión por invasión a la vejiga y/o recto, según sea el caso. Obviamente, a estas alturas del problema, la enferma padece un deterioro en la calidad de vida, lo que influye de manera importante en la cantidad de años por vivir, en tales casos se vuelve necesario el uso de pañal permanente debido a la incapacidad de contener el sangrado o la secreción que por vía genital la enferma expulsa. Además es posible encontrar la presencia de dolor en la cadera, de leve a intenso, que puede incapacitar la función común que no cede con analgésicos de rutina. Incluso puede darse la inmovilización por fracturas de los huesos afectados que no pueden ser atendidos de la manera convencional.

Como hemos visto, la vida de la paciente se ve gravemente afectada, repercutiendo en los entornos familiar, laboral y social, entrando así al grupo de pacientes de grave riesgo de muerte.

En los casos de cáncer cervicouterino avanzado son muy pocas las pacientes candidatas a tratamientos, porque normalmente son costosos. La mayoría son casos incurables e intratables, sin posibilidades de manejo médico-oncológico.

A partir del diagnóstico de gravedad y hasta el encuentro con la muerte (que terminará con el sufrimiento), la enferma se encontrará con todo tipo de obstáculos: desde el daño variable de su cuerpo, por las cirugías, las radiaciones, el efecto secundario indeseable de los medicamentos usados para el caso, hasta el enfado y, en ocasiones, el abandono de los familiares, la pérdida del patrimonio, del trabajo, así como del deseo de proseguir con una lucha de interminables molestias y de percibir poca o nula mejoría.

Hay pacientes que sufren por doble partida su enfermedad: Además del flujo genital maloliente (resultado de la putrefacción por la muerte de los tejidos afectados), de la afectación de los órganos invadidos y del dolor inevitable e intratable (aunque existen tratamientos de alta especialización para aminorar el dolor, estos sólo se otorgan en centros médicos especializados o de tercer nivel), se enfrentan con la imposibilidad de recibir una adecuada atención por la carencia de servicios de salud en su comunidad o por la incapacidad económica para acceder con prontitud y eficacia a un tratamiento otorgado por algún hospital que otorgue calidad en su servicio.

¿CÓMO SE DETECTA
EL CÁNCER CERVICOUTERINO?

5

El estudio del frotis cervicovaginal para papanicolaou

FUE EN 1947 cuando el doctor George Papanicolaou publicó el estudio sobre la toma que ahora lleva su apellido, y que consiste en la recolección de células externas e internas del cérvix uterino que se extienden sobre una laminilla de cristal, se tiñen con colorantes, y se lleva a cabo el proceso de secado, para después de 24 horas dar lectura e interpretación a dicha muestra. Eso que ahora parece tan simple, en aquellos años causó una revolución en el mundo médico. Así se inició la lucha contra esta enfermedad que en épocas anteriores era irremediablemente mortal, y que traía múltiples sufrimientos para la paciente y su familia.

Poco tiempo después, los investigadores empezaron a estudiar a detalle la enfermedad y notaron en ella cambios tempranos, previos a su aparición como tal; con ello dieron el paso a clasificarla de acuerdo con el avance y le aplicaron nomenclaturas diversas. En la actualidad, mundialmente se adopta la clasificación del Instituto de Bethesda de Maryland, en los Estados Unidos, que utiliza el término de *neoplasia intraepitelial cervical* (NIC), con grados de leve (I), moderada (II) y grave (III), para referirse a la infección por el VPH.

Posteriormente, fueron publicados y desarrollados otros métodos que ayudan a la localización en los tejidos contagiados por VPH, que funcionan mediante la visualización microscópica de las lesiones provocadas. Utilizan lentes de gran aumento, con filtros verde y naranja para la apreciación de los cambios provocados en los vasos sanguíneos. Su capacidad de acercamiento facilita dirigir específicamente la toma de una porción representativa de tejido para que el médico patólogo nos dé el nombre y la especificación final de la lesión, de su existencia o de su falso positivo.

Insistiré en todo el libro acerca de la importancia que tiene la toma de la muestra de células de la porción externa e interna del cérvix uterino (es decir, el examen de papanicolaou) para el inicio del estudio y determinación de la presencia o no de una lesión precursora o displasia, o de cáncer cervicouterino.

Hay que tener presente que, incluso estando en las mejores manos y ojos de especialistas (enfermeras de medicina preventiva, médicos generales y familiares, ginecólogos, clínicas de displasias, citólogos o citotecnólogos, patólogos y citopatólogos), existen errores conocidos como falsos negativos. Es decir, resultados dados como libres de lesión cuando en realidad sí existe, que representan hasta

15% de los casos. Pero también hay falsos positivos: hasta 25% de los diagnósticos.

Si analizamos el desarrollo natural de la enfermedad, podremos notar que su avance de una displasia leve a un cáncer invasor podría llevar hasta 15 años, por lo que la toma periódica de la muestra para papanicolaou, tal y como lo marca la Norma Oficial Mexicana, disminuiría los porcentajes a cifras realmente insignificantes.

> No existe a la fecha un estudio que demuestre mayor efectividad, accesibilidad, confiabilidad y verificabilidad que el examen de papanicolaou, en todo el mundo.

El objetivo es que todas las mujeres asistan a la práctica regular y confiada del mismo. Si el estudio es gratuito o de bajo costo no significa que no sea confiable; así como tampoco acudir a un hospital privado y caro libre de la mínima posibilidad de error en el diagnóstico. La repetición del examen, ya sea en instituciones públicas o privadas, es lo que lo hace ser efectivo.

La colposcopía

Es un estudio para el cual se emplea un microscopio especial de tres aumentos, con un visor binocular para el operador, ayudado por dos filtros de luz, uno de color naranja y el otro verde, ambos para apreciar más claramente el trayecto, forma y grosor de los vasos sanguíneos del cérvix.

Para practicarlo, la paciente debe quitarse la ropa interior, usar una bata médica, acostarse boca arriba en la mesa de exploración y adoptar la postura ginecológica, que es con las piernas recogidas doblando ambas rodillas y colocando los talones en los aditamentos diseñados para ello, además de intentar estar tranquila antes de la llegada del médico especialista, siempre acompañado de una asistente mujer, de preferencia capacitada en esos menesteres, que da seguridad e intimidad a la consultada.

Inicialmente, el observador debe revisar la vulva, compuesta por los labios mayores, los menores, el clítoris y su capuchón, en el introito vaginal, que es el inicio de la misma, el vestíbulo que es el área interna de los labios menores donde se sitúa la uretra, y el hímen, que es la membrana que se encuentra en el primer tercio de la vagina. Posteriormente introduce el espejo vaginal. Una vez insertado hasta el fondo vaginal, lo abre para que aparezca el cérvix y el fondo de saco, donde lo visualiza retirando el exceso de su moco natural, ve sus límites y los vasos sanguíneos con los filtros de color, luego lo baña con una solución de ácido acético que, al existir cambios sospechosos, se tornará de color blanco tipo nube, con superficie resaltada o plana, con cambios en su coloración semejando un mosaico de mármol, lo cual puede ser evidencia de una lesión de bajo o alto grado.

Según sea el diagnóstico por papanicolaou previo, y corroborado con la colposcopía realizada se decide si se toma una muestra del cérvix mediante una pinza para biopsia con el objetivo de que el patólogo confirme la enfermedad.

> La colposcopía es un estudio auxiliar y está indicado siempre después de tener un resultado de papanicolaou anormal.

Realizarla se lleva por lo menos de 10 a 20 minutos, y su costo va de los 500 a 2 000 pesos, dependiendo de la ciudad, del nivel del hospital, etcétera. No está recomendado como primer estudio pues tiene una alta tasa de error al señalar hasta un 60 % de falsos positivos. Es decir, que en 6 de cada 10 pacientes revisadas por este método únicamente (sin examen de papanicolaou previo), el diagnóstico estará equivocado y señalado como anormal, sin serlo en realidad.

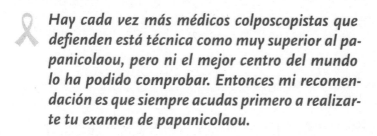 *Hay cada vez más médicos colposcopistas que defienden está técnica como muy superior al papanicolaou, pero ni el mejor centro del mundo lo ha podido comprobar. Entonces mi recomendación es que siempre acudas primero a realizarte tu examen de papanicolaou.*

Aun así, si se sospecha de la existencia de una lesión de cérvix, los especialistas deben corroborarla con una biopsia dirigida para que el patólogo la confirme y luego sea específicamente tratada. Conozco casos en los que ciertos especialistas han diagnosticado visualmente una lesión y la tratan de manera inmediata, generalmente practicando una conización por asa diatérmica. Desde mi punto de vista, éste es un sobretratamiento exagerado y sin un fundamento real, sólo basado en la subjetividad del observador, y por lo tanto innecesario.

> Si con el estudio colposcópico se sospecha de lesión y el caso es referido como anormal, debe corroborarse con papanicolaou y/o biopsia dirigida, antes de aceptar un tratamiento agresivo o no, caro o no.
>
> Todos los pacientes tenemos el derecho de una segunda y una tercera opinión para tomar la que nos convenza o nos parezca más lógica. Debemos informarnos amplia y neutralmente antes de cualquier manejo o tratamiento.

Ninguna lesión precursora de un cáncer, ni éste mismo son urgentes. Prioritarios sí, pero siempre existe suficiente tiempo para tomar la mejor decisión.

La biopsia dirigida

La toma de una muestra de una lesión sospechosa del cérvix y el resultado realizado por un patólogo reconocido son piedra angular para la decisión sobre un tratamiento curativo.

En caso de existir dudas acerca del diagnóstico, la paciente cuenta con la facultad de acudir al laboratorio de patología del hospital que corresponda, para recuperar las laminillas y los bloques de parafina en donde se guarda el resto del material obtenido, con los que se emitió determinado diagnóstico, para someterlo a revisión con otro patólogo y comparar.

Por ley, los laboratorios de patología, independientemente si son institucionales, de gobierno o particulares, deben guardar por dos años toda laminilla utilizada para el examen de papanicolaou y durante cinco años las de biopsia o tejido.

Esas muestras no le pertenecen al hospital o al médico, sino a la persona a la que le fueron tomadas o extraídas; por ello puede reclamarlas con sólo firmar un documento que indica que la poseerá como depositario y deslinda al hospital, médico o laboratorio de patología de toda responsabilidad legal posterior.

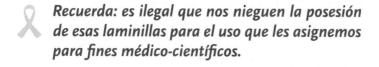
Recuerda: es ilegal que nos nieguen la posesión de esas laminillas para el uso que les asignemos para fines médico-científicos.

¿ES POSIBLE PREVENIR
EL CÁNCER CERVICOUTERINO?

6

HEMOS MENCIONADO YA que el cáncer cervicouterino es una enfermedad sexual, debido a que el agente que lo provoca, el virus del papiloma humano (VPH), se trasmite casi de manera exclusiva por esta vía.

Hace casi treinta años se dio a conocer públicamente la tremenda y pavorosa enfermedad del Síndrome de Inmunodeficiencia Adquirida (sida), la cual es causada por un virus de transmisión sexual, el virus de la inmunodeficiencia humana (VIH). A partir de entonces la atención pública ha tomado seriamente este tipo de padecimientos, trata de entenderlos, pero no siempre lo logra. En cuanto aparece una enfermedad de transmisión sexual, se inicia una cacería de brujas en búsqueda de los culpables, y por ignorancia casi siempre se voltea a ver en primera instancia a las personas de preferencia homosexual, pues es en ellos en quienes recae la mayoría de los casos detectados.

La pandemia del sida comenzó a principios de la década de 1980. Es en esos años cuando se presentan los primeros casos en los Estados Unidos. Tras investigar de dónde procedía, se concluyó que la infección inició en África, donde una especie de monos, la Rhesus (dato curioso: de esa misma especie se tomaron las primeras letras para designar el tipo de sangre humana, Rh), padecía la enfermedad. Respecto a cómo actúa, se determinó que el virus se multiplica en la sangre del portador y que éste podría aparentar estar sano o ya manifiestamente enfermo, pero que en ambas situaciones el virus se contagia mediante el encuentro de secreciones glandulares humanas, tales como de la uretra masculina y femenina, vagina, ano y recto, además del contacto sangre-sangre. Es decir, que no sólo era de transmisión sexual sino que también podría ocurrir por transfusión sanguínea o por el uso compartido de agujas para inyectarse en la vena, piel o músculos, método que suelen practicar las personas adictas a las drogas inyectables.

Una circunstancia social que hizo que el sida acaparara la atención mundial fue que se propagó en grupos humanos heterogéneos, no únicamente en homosexuales o drogadictos a sustancias inyectables, como ya vimos, sino que también fue padecida por heterosexuales, sin importar su condición laboral o económica.

Por supuesto que, mediáticamente, causó mucho impacto que famosas celebridades (artistas, músicos, bailarines o políticos) se vieran contagiados por el virus. Quizá eso ayudó, aunque fuera poco a poco, a que las personas portadoras del virus fueran aceptadas en la sociedad, tanto en el ámbito laboral como en el familiar.

Cabe insistir en que si hoy en día una persona con sida es discriminada, se debe a la ignorancia profunda de quien lo margina, pues sabemos que el sida no se transmite por el tacto, por la saliva o por la mirada.

En ese panorama, donde el sida era el actor principal, se abrieron las puertas mundiales para estudiar a fondo las diversas enfermedades de transmisión sexual, y se dejaron atrás, en cuanto a urgencia para su investigación, a otras no menos importantes como el cólera, la tifo, la tuberculosis y la gonorrea, entre otras.

Así, la comunidad médico-científica puso su foco de atención y de investigación en enfermedades que acompañan al sida: del pulmón, del aparato gastrointestinal o de la piel. Entonces empezaron a encontrar asociaciones entre sida y cáncer cervicouterino. Por ejemplo, se puntualizó que aunque se tratan virus de diferentes familias, ambos encuentran factores favorables en individuos con un sistema inmune disminuido, y que en pacientes con sida se ve alterado el promedio de frecuencia común en la incidencia del cáncer de cérvix. Esto es, los casos aumentan de cuatro a cinco veces más respecto a personas que no tienen sida.

Durante el auge mundial por el estudio y manejo de los virus de transmisión sexual es cuando se enfoca específicamente y de manera seria la atención en ellos. Se implementaron algunas medidas para retrasar la propagación de estas enfermedades, tales como la educación en la higiene sexual, el uso del condón masculino y el intento por concientizar a que la práctica sexual sea monogámica (situación ajena al comportamiento del mundo animal, sobre todo del humano, siempre buscador de alternativas).

Respecto al cáncer cervicouterino, fue en esa misma década de los ochenta cuando comenzaron las campañas masivas para promover el examen de papanicolaou, además de la implementación de centros especializados para el manejo de las lesiones que provoca esta enfermedad.

Desde entonces y hasta la fecha, la prevención se limita a:

- Higiene sexual
- Práctica sexual de carácter monogámico
- Uso de condón
- No compartir agujas hipodérmicas

Cabe recalcar que el uso del condón no protege al 100% del contagio de enfermedades virales. Son varias causas, pero lo primero es que los virus o partículas virales tienen un tamaño menor a la separación microscópica que tienen las fibras del látex con que están hechos los condones; el condón sólo cubre el pene, y deja expuesto el escroto (bolsa de los testículos), que en el coito o penetración pene a vagina tiene contacto directo con el periné femenino (zona que se encuentra entre la vulva y el ano), lo cual posibilita contagiar las inmediaciones del ano, incluso sin que éste sea penetrado.

La diversidad de parejas sexuales (promovida tanto por los medios de comunicación) y el espíritu de búsqueda de nuevas experiencias, han llevado a que se extienda la práctica de contactos sexuales diversos, no sólo pene-vagina: oral-genital, oral-anal, genital-anal, así como relaciones no únicamente homosexuales, heterosexuales o bisexuales, sino entre más de dos personas, el intercambio de parejas, el sadomasoquismo, la pedofilia o la zoofilia (sexo con animales).

Lo anterior nos hace difícil la tarea a la que nos enfrentamos día a día en el diagnóstico, tratamiento oportuno y en la tasa de curación de estas enfermedades, que son resultado y consecuencia del comportamiento sexual de la sociedad. Por ello visualizamos un horizonte gris que nos complica el ataque a ellas, pero que nos refuerza el ánimo para proseguir, pues aún la lucha se sigue dando.

Las vacunas

En el desarrollo del cáncer del cuello uterino interviene la infección por VPH, el cual a su vez contribuye al desarrollo de otros tipos de cáncer.

El VPH también puede causar otros tumores no malignos, como las verrugas genitales externas (llamados condilomas, planos o acuminados) y las que aparecen en la garganta (papilomatosis laríngea recurrente); los primeros, causados por los subtipos virales de bajo grado, aparecen en la piel del periné; las segundas, en las cuerdas vocales, se dan mediante la adquisición del virus por la práctica del sexo oral con una persona infectada.

Cuando se descubrió que había una vinculación directa entre VPH y cáncer cervical, los especialistas se dieron a la tarea de desarrollar vacunas preventivas y terapéuticas. La meta de las vacunas preventivas o profilácticas es evitar la infección primaria o persistente del VPH y, en consecuencia, las lesiones preinvasoras y el cáncer cervical, esencialmente por medio de anticuerpos neutralizantes. El objetivo de las vacunas terapéuticas es prevenir la progresión de infecciones por VPH, inducir la regresión de lesiones preinvasoras y el cáncer invasor.

Las campañas de detección oportuna del cáncer cervical en países en vías de desarrollo no han alcanzado una cobertura amplia de las mujeres en riesgo y han sido ineficientes para modificar el perfil epidemiológico de esta neoplasia. En esos países se mantienen elevadas tasas de incidencia y mortalidad por cáncer cervical.

La vacunación profiláctica y terapéutica pueden contribuir significativamente en la prevención y tratamiento de las neoplasias asociadas con el VPH.

Vacunas preventivas

Las más eficaces —probadas en animales y seres humanos— han sido elaboradas con *Virus Like Particles* (VLP). Es decir, se trata de partículas que semejan virus, pero que no tienen la facultad de reproducirse ni propagarse. Por lo tanto no representan riesgo de desarrollar la enfermedad. Son altamente inmunogénicas, esto es, que despiertan cuarenta veces más al estímulo del sistema inmunológico que el propio virus, por lo que se necesita poca dosis.

En humanos, en 1996 se probó una vacuna portadora de VPH subtipo 16, aplicada al mes 0, mes 2 y mes 6 respecto a la relación sexual. El resultado fue que ninguna paciente resultó infectada, de un total de 2 392.

Posteriormente se probó una vacuna bivalente con VPH 16 y 18, que mostró 100% de efectividad contra la infección por estos dos subtipos, los cuales desarrollan más de 85% de las lesiones precursoras e invasoras de la enfermedad.

Más adelante fue llevada a cabo la elaboración y estudios masivos con una vacuna tetravalente con subtipos de VPH 6, 11, 16 y 18 (es decir, dos subtipos de bajo grado y dos de alto), con el objetivo de cubrir eficazmente las lesiones verrugosas de la piel provocadas por los primeros dos y a las premalignas por los otros.

Es evidente que las campañas de vacunación no reemplazarán al programa de detección oportuna del cáncer, ya que las vacunas no poseen todos los tipos virales asociados con el cáncer cervical, aunque su eficacia de hasta el 85% las pone en un lugar preponderante ante la lucha contra este padecimiento tan importante en nuestra sociedad.

Vacunas terapéuticas

La mayoría de las vacunas terapéuticas, o sea, para coadyuvar en el tratamiento o manejo curativo de un cáncer cervicouterino establecido, o las que actualmente se encuentran en evaluación, han sido diseñadas para inducir a que los linfocitos T, intoxiquen a las células cancerosas para aniquilarlas o destruirlas. Estas vacunas no detienen el crecimiento tumoral. Esta falla se debe quizá a que no puedan reconocer a las células tumorales y no logren modificarla. Aún falta mejorar sus componentes y lograr que su acción sea más específica y agresiva.

Dosis de las vacunas bivalente y tetravalente

Entonces, en la actualidad contamos con dos vacunas: la bivalente y la tetravalente. De ambas, es necesario la aplicación subcutánea de tres dosis: después de la primera, al segundo y al sexto mes; o bien a los tres y nueve meses. Por ejemplo, si la primera dosis se aplica el 2 de enero, las siguientes serán el 2 de marzo y el 2 de julio; o el 2 de abril y el 2 de octubre, respectivamente.

La población adecuada para recibir la aplicación de estas vacunas profilácticas está comprendida por los dos sexos, y entre los 8 y 24 años. Es importante que no hayan iniciado su vida sexual. Una vez comenzada la vacunación, deberán ser vigilados mediante su cartilla nacional de vacunación y monitorizados para su correcto y completo esquema.

Junto con la aplicación de las vacunas es necesaria la concientización en cuanto a la vida sexual, higiene corporal y
acudir a los programas establecidos de detección oportuna, porque la vacunación no elimina totalmente el riesgo
de contraer la enfermedad. Lo ideal es que esta propuesta
se convierta en un programa extendido a toda la población, a que sea abierto y extenso, sin ser excluyente dependiendo de la clase social. Debería de aplicarse a hombres y
mujeres, independientemente de la preferencia sexual.

> Hasta el momento, las vacunas bivalente y tetra-
> valente sólo pueden ser encontradas en el sector
> privado y tienen un alto costo. En el sector público
> de salud todavía no están autorizadas para nadie.
> Lo ideal sería que dentro de poco esto cambiara y
> que fueran aplicadas a la población en general de
> manera gratuita.

Para finalizar este capítulo, diré que la práctica sexual monogámica, la circuncisión a todo varón y la educación para
lograr relaciones sexuales responsables son las medidas
para erradicar la infección por el VPH y el desarrollo de los
cánceres cervical, anal, de lengua, paladar y laringe, prin-
cipalmente.

Por lo pronto, a corto y mediano plazo tenemos la vacunación profiláctica y los programas de detección oportuna.

¿PUEDO HEREDAR
EL CÁNCER CERVICOUTERINO?

7

EXISTE LA CREENCIA de que si en la familia no ha habido un familiar con cáncer, la probabilidad de que algún otro miembro lo desarrolle es nula o muy poco probable. Igualmente, se cree que si se cuenta con historia familiar amplia con este padecimiento, la frecuencia aumentará considerablemente (esto puede ocurrir raramente en algunos tipos de cáncer, tales como el de mama o de ovario, sobre todo si se tiene confirmado un gen dominante canceroso, también llamado oncogén, como el BRCA 1, que la familia judía de los Ashkenazi posee en casi el 90% de sus miembros mujeres; o los casos de cáncer de colon familiar.

Estas creencias son rotundamente falsas en lo concerniente al cáncer cervicouterino, pues recordemos que es provocado por el virus del papiloma humano en el 99.7% de los casos —por no decir que en todos—, que es de transmisión exclusivamente sexual.

Claro, puede darse el caso de una madre que ha llevado una vida sexual promiscua, sin los cuidados higiénicos adecuados, y que ese estilo de vida sea copiado por la hija, quien tendría entonces altas probabilidades de contraer el VPH y desarrollar cáncer. Pero en todo caso se trataría de seguir costumbres y modelos, no de una condición estrictamente genética. Entonces, el hecho de tener o haber tenido a un familiar cercano con cáncer cervicouterino no debe estigmatizar al resto de la familia femenina, mucho menos a las vírgenes.

En cambio, en el caso específico del síndrome de inmunodeficiencia adquirida (sida), la situación cambia por lo siguiente: los virus son organismos microscópicos, prácticamente invisibles a los aparatos de aumento comunes. Únicamente algunos de esos virus han sido conocidos mediante la microscopía electrónica, de los demás sólo se reconocen los cambios que éstos provocan en las células de los organismos que invaden. Estos gérmenes no causan daño de manera directa, tal y como lo hace una bacteria o un hongo que destruye o interfiere con la alimentación de una célula, tejido, órgano o sistema, sino que se incluyen en la memoria de su ADN, ácido desoxirribonucleico, sistema eje de la identidad de cada individuo, en su funcionar cotidiano, como si fuese parte natural de ello.

Debido a algunos cambios favorables, tales como los genéticos, los ambientales o los inmunológicos, los virus del sida toman el mando de la acción-reacción de la célula, deformando su estructura y transformando su proceder y desarrollo.

El organismo infectado por el VIH es debilitado en su sistema inmunológico. Una vez con las defensas desaparecidas es merced del contagio de otros agentes patógenos o causantes de enfermedad, tales como sarcoma de Kaposi (se caracteriza por la aparición de lesiones café violáceas en las plantas de los pies, atrás de las orejas, la cara y en los genitales. Puede afectar el aparato digestivo produciendo dolor y hemorragia, además de diarrea; también puede afectar al pulmón ocasionando tos con salida de sangre), infección múltiple por hongos, tuberculosis, padecimientos diarréicos profusos y el aumento de la infección por el virus del papiloma humano, pues al menos el 48% de los enfermos de sida portan el vph, ya sea de manera asintomática o con desarrollo más rápido de las lesiones precursoras o displasias, como del cáncer cervicouterino.

Ciertamente el estrés cotidiano, la malnutrición (no *desnutrición*), el tabaquismo, el alcoholismo, el uso indebido de sustancias prohibidas (cocaína, anfetaminas y las nuevas drogas llamadas duras), la promiscuidad y la práctica de la prostitución son factores que no provocan directamente la adquisición de vph, pero sí se encuentran frecuentemente relacionados con él.

Probablemente no exista peor flagelo para la sociedad actual que la ignorancia, así como la falta de responsabilidad hacia nosotros mismos y hacia los demás en cuanto a lo que se refiere a las relaciones sexuales.

¿CÓMO INFLUYE EL VIRUS DEL PAPILOMA HUMANO
COMO FACTOR DE RIESGO?

SE HA ESTABLECIDO UNA RELACIÓN DIRECTA DEL VPH con la aparición y desarrollo de las enfermedades precursoras malignas del cérvix uterino y del cáncer cervicouterino. Por eso merece un capítulo detallado.

> El VPH es la infección de transmisión sexual más frecuente en el mundo. Sólo en los Estados Unidos hay más de veinte millones de mujeres infectadas, portadoras de la infección. En ese país, cada año se suman 5,5 millones de mujeres infectadas por primera vez. Ahí se reporta una alta prevalencia de infección por VPH: 50-58% en mujeres de 15 años o más.

El VPH es un virus que pertenece a la familia de los papovirus, que son virus de DNA pequeños, de 55 nanomilímetros de diámetro. Estos papilomavirus se clasifican según:

- La especie que infectan
- El sitio de infección: cutáneo y mucoso
- Su potencial cancerígeno u oncogénico
- Su bajo o alto grado

La infección aguda es la más frecuente después del inicio de la vida sexual activa, la posibilidad de ser infectado de por vida es de 85-100% de la población sexualmente activa.

Cuadro clínico

El VPH presenta una variedad de signos y síntomas que ahora explicaremos. Su presencia se clasifica como subclínica y clínica. La primera se refiere a cuando no muestra síntomas de cambios locales o generales; la segunda, cuando se detecta su acción directa sobre un órgano.

En su fase subclínica se puede detectar de 5 a 40% de las mujeres contagiadas en edad productiva, a pesar de ser totalmente asintomática: no provoca dolor genital, ni secreción o flujo vaginal, ni comezón o ardor, ni molestia alguna durante la actividad sexual. Por ello la enfermedad pasa totalmente desapercibida y eso posibilita su avance.

Su detección más frecuente es mediante la realización de la prueba de papanicolaou, que es la toma directa de células del cuello uterino, colocadas en una laminilla de cristal y fijadas mediante un spray con alcohol polivinílico que las conserva hasta la llegada al citólogo, citopatólogo o al patólogo encargado de teñir tal muestra y revisarla al microscopio en busca de células específicas de cambios por el VPH, desde los llamados coilocitos hasta los cambios displásicos graves.

Se han diferenciado más de 120 subtipos virales del VPH, por su comportamiento, como que se distinguen de bajo, mediano y alto grado. De acuerdo con el subtipo viral, se le adjudica un número, sin que signifique que un número mayor sea más agresivo que uno menor.

SUBTIPOS DE BAJO GRADO
6, 11, 42, 43 y 44

SUBTIPOS DE ALTO GRADO
16, 18, 31, 33, 35, 39, 45, 51, 52, 56, 58, 59 y 68

Uno de los síntomas detectables por el propio portador, es la aparición de lesiones en la piel de los genitales, tipo verrugas, que son crecimientos bultosos aislados o múltiples, que pueden aparecer en el introito vaginal, vulva, periné, ano y cuello uterino. Estas lesiones son producidas por los subtipos virales de bajo grado, generalmente 6 y 11. Las lesiones de alto grado que progresan a cáncer cervical son las producidas por el VPH 16 y 18.

El VPH 16 se ha determinado como causante del 52% de los casos que desarrollan cáncer cervicouterino y 79% de los de lesiones de alto grado; el subtipo 18 de 36% de cáncer y 12,5% de las lesiones de alto grado.

El VPH tiene especial predilección por las células epiteliales, es decir, las que se encuentran en la superficie de la piel y en las mucosas.

La detección del VPH por el sistema inmune es lenta, comparada con otras infecciones virales del tracto genital, muestra poca actividad antigénica pues el DNA viral se incluye en las células mismas, para posteriormente provocar descamación de las células infectadas. A pesar de la exposición frecuente a la infección por VPH en sus diferentes subtipos, la aparición de neoplasia intraepitelial cervical (NIC) (es decir, un crecimiento anormal y precanceroso de células escamosas en el cuello uterino), como lesión precursora de un cáncer del cérvix, es infrecuente; la mayoría de las alteraciones cervicales causadas presentan regresión espontánea.

La mayoría de los estudios relacionados con la evolución natural del NIC han revelado que la mayor parte de las *lesiones intraepiteliales de bajo grado* (LIEBG) son transitorias, aún sin tratamiento específico. En cambio, las *lesiones intraepiteliales de alto grado* (LIEAG) es probable que se conviertan en cáncer invasor.

Diagnóstico

La infección por VPH puede diagnosticarse mediante:

a) *Medios clínicos:* observación directa de las verrugas genitales.
b) *Subclínicos:* revisión bajo microscopio directo a la vulva, vagina, ano y cérvix, conocido como colposcopía.
c) *Citológicos:* toma de muestra de células del epitelio cervical y vaginal, con la técnica de papanicolaou.
d) *Virológicos:* detección del DNA viral.

Tanto las displasias como los cambios epiteliales por VPH pueden ser identificados por medio de citología cervical y deben ser confirmados mediante colposcopía y toma de biopsia.

El obtener, mediante el estudio de papanicolaou, un resultado anormal o displásico amerita la observación mediante colposcopía, que comprende la valoración sistemática del aparato genital interno, que permite evaluar las características específicas que señalan la enfermedad entre signos normales y anormales distintivos de una enfermedad preinvasora o invasora de cáncer. Si ese resultado es positivo, el siguiente paso será decidir si resulta conveniente una biopsia dirigida (la toma de un segmento minúsculo del tejido de sospecha), con la que el patólogo calificado realiza el diagnóstico definitivo.

En resumen, para llegar a un correcto y adecuado diagnóstico de la presencia o ausencia de las lesiones precursoras de cáncer, o bien, de cáncer establecido, es necesario que primero se tome una adecuada muestra de células del cuello uterino, vulva y vagina; que se localice directamente mediante la observación colposcópica y por último que un patólogo emita su diagnóstico a partir de la muestra de tejido tomada por biopsia dirigida.

Como técnica complementaria a la citología tenemos la tipificación del DNA viral; los métodos utilizados para detección vírica sistemática son:

a) Captura de híbridos en microplaca
b) Reacción en cadena de polimerasa (PCR)

La primera tiene un manejo más sencillo, pero no permite identificar tipos exactos de VPH; la segunda tiene una mayor sensibilidad.

En la presencia de lesiones de alto grado (LIEAG), que promueven el desarrollo de un cáncer cervical, diagnosticadas por la metodología anteriormente descrita, lo siguiente es establecer el grado de avance de la enfermedad mediante la exploración clínica y realizando estudios de gabinete específicos como la Tomografía Axial Computada Multicorte (TAC helicoidal), ultrasonido pélvico y abdominal alto, radiografías de tórax, etcétera, necesarios para etapificar y tratar al cáncer cérvicouterino.

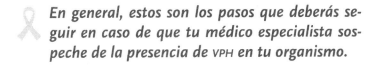 *En general, estos son los pasos que deberás seguir en caso de que tu médico especialista sospeche de la presencia de VPH en tu organismo.*

Mi papanicolaou dio resultado positivo, ¿qué debo hacer?

9

Alguien como tú

Laura, de 21 años, estudia el cuarto semestre de la carrera de derecho, vive en casa de sus padres y tiene una relación amorosa con Juan Manuel, de 24, quien cursa el último semestre de diseño gráfico. Él es su tercera pareja sexual. Ella inició su vida sexual a los 18.

Su relación lleva casi seis meses y suelen utilizar como método de planificación el uso del ritmo. Es decir, Laura menstrúa regularmente cada 28 días, por lo que cuenta como días de peligro para embarazarse —días fértiles— los comprendidos entre los 11 días después de haber iniciado su sangrado menstrual y el día 17, inclusive, por lo que en ese periodo suelen usar condón. El resto del mes, Juan Manuel eyacula dentro de la vagina.

En las relaciones con sus parejas anteriores, Laura utilizaba la misma manera de prevenir el embarazo, a pesar de haberse tratado de noviazgos cortos; de seis y nueve meses, respectivamente. Prefería hacerlo así por el temor de utilizar algún otro método —como el uso de pastillas anticonceptivas— y que sus padres se las hubiesen encontrado entre sus pertenencias, pues su madre suele checar su bolso para detectar cualquier indicio de que su hija anduviera haciendo algo que incomodaría a su padre y a la familia completa.

En cuanto a su cuidado sexual previo, Laura se realizó un año y medio antes un estudio de papanicolaou con el ginecólogo de su mejor amiga. El resultado, comunicado por el médico, fue analizado como normal, levemente inflamatorio, por lo que le prescribió unos óvulos por vía vaginal que debía usar por un lapso de diez días solamente.

En esa época, Laura sostenía relaciones sexuales con su segunda pareja, de manera común, sin que hubiera sentido alguna anormalidad en sus genitales, ninguna secreción o flujo, ni comezón o ardor, ni molestia alguna en el coito o penetración.

Con sus tres parejas, Laura siempre ha preferido el coito por la vagina y lo acompaña con sexo oral, ya sea de ella a su pareja o viceversa.

Espontáneamente y gracias a una de las charlas que solía tener con su amiga sobre sus intimidades, Laura acudió de nueva cuenta con el ginecólogo para realizarse su revisión de rutina, pues no se considera enferma. Después de un breve interrogatorio para encontrar alguna novedad, ella pasa con la asistente del médico a la sala de exploración para someterse a la revisión mediante la palpación de sus mamas o pechos, posteriormente la palpación y revisión por ultrasonido de su abdomen, poniendo atención en la búsqueda de alguna tumoración y en la visualización de sus genitales internos: el útero o matriz, de ambos ovarios y de la vejiga que se encuentra llena para ese efecto, para poder tener una mejor imagen usándola como ventana sónica.

Posteriormente Laura se coloca con sus piernas encogidas, con sus pies separados, de manera que sus genitales externos, que son la vulva, el perineo y el ano, se exponen a la observación del doctor, quien visualmente busca alguna anormalidad, tanto de tumores como de crecimientos anormales de esa área. Él introduce en la vagina un espéculo vaginal, que es un aparato que semeja el pico de un pato. Una vez dentro, puede separar sus dos hojas y exponer a la vista del observador tanto el cérvix uterino o cuello, como el fondo de la vagina, que es un órgano que semeja un saco pequeño, semejante al interior de un calcetín.

Después de apreciar la forma, color y situación del cuello uterino y del fondo vaginal, el médico procede a tomar una muestra imperceptible del cérvix, mediante el uso de un pequeño y suave cepillo que obtiene células de la parte donde se unen el tejido externo e interno del canal del cérvix. Dichas células son extendidas en una laminilla de cristal y fijadas con un spray para enviarlas con algún patólogo.

Termina la revisión y la asistente le indica a Laura que se vista y pase con el ginecólogo para los comentarios de la revisión. El ginecólogo le menciona que todo se aprecia bien, que el resultado se lo reportarán en una semana por teléfono.

Laura prosigue con su rutina común en la universidad. Una semana después, sin tener en mente su visita al ginecólogo, recibe una llamada a su teléfono celular de un número no registrado. Le llaman del consultorio. La secretaria la comunica de manera personal con el ginecólogo. Sin esperar nada grave, Laura escucha:

—Buenas tardes, Laura. Recibimos tu resultado hace unos momentos y éste muestra el siguiente diagnóstico: displasia cervical moderada asociada a la infección por virus del papiloma humano, referida como lesión escamosa de alto grado. Tengo que revisarte otra vez lo más pronto posible, pero ahora de manera más profunda y dirigida. Tienes un problema serio que puede complicar tu vida. ¿Te parece bien si nos vemos mañana por la tarde?

Tras la noticia y el estremecimiento de lo inesperado, aunado a la falta de información que no se le ocurrió pedir al médico, Laura se queda inquieta y dudosa, no puede preguntar a sus padres o hermanos, pues se supone que ella no ha iniciado su vida sexual. Consultarlo con sus amigas significaría caer en el desprestigio y en la estigmatización de portar un virus que había escuchado, pero que no se había dado la oportunidad de investigar más a fondo. Entonces, con la mente un poco más despejada, se le ocurre que la opción es Internet. En el buscador teclea: "virus papiloma humano", click en buscar.

La pantalla despliega decenas de páginas; unas serias y otras sensacionalistas, de corte amarillista que lo único que promueven, en lugar de la información, es el golpear al lector con la fatídica palabra cáncer. Laura se inquieta y lee velozmente, recorriendo palabras atropelladas, por su desesperación.

"Virus del papiloma humano. Es la causa directa del cáncer cervicouterino, se trasmite por la vía sexual en la mayor parte de las lesiones, es imperceptible pues no muestra síntoma alguno."

"Y ahora, ¿qué hago?", piensa Laura.

"Causa también lesiones tipo verruga en la piel de los genitales externos", lee de manera rápida y se dirige al baño de mujeres. Como puede, trata de observar su pubis o monte de Venus, pero su vello abundante no le permite apreciarlo adecuadamente. Se pasa su mano una y otra vez, tocando sus labios mayores o externos y después los menores o internos. Cree sentir muchas cosas, casi todas fruto de su alocada imaginación que va de un lado a otro sin dirección. Se percata de que sus dedos despiden un aroma nada común, que eso realmente sí es diferente y que debe ser producto de la infección, que ya está carcomiendo sus entrañas.

En esos momentos se le acaba el ánimo, casi media vida, pues ya se siente desahuciada, apartada del resto de la sociedad pues está marcada con el signo de la muerte y del sufrimiento. Sola en su isla mental, decide hablar con Juan Manuel. Necesita sentirse acompañada, mostrarle su consternación y pedirle una muestra de solidaridad y cariño.

Juan Manuel la escucha y se ofrece para acompañarla el día siguiente al consultorio ginecológico.

Después de una larguísima noche y una mañana sin brillo, se encuentran afuera de la universidad. Ambos se dirigen al consultorio, con dos horas de anticipación. En la antesala, muestran serenidad; ven entrar y salir a embarazadas felices, señoras regordetas que los miran con cierta curiosidad, notando en ellos su juventud y la extrañeza de estar en la sala de espera de un ginecólogo, conjeturando un embarazo no planeado o la necesidad de terminarlo... en fin, nada bueno.

Por fin, la voz esperada y temida de la secretaria: "Laura, tu turno".

Ambos entran en el consultorio. El médico les pide sentarse en los sillones que están frente al escritorio. El ginecólogo, un tanto extrañado ahora por la presencia de Juan Manuel, toma del expediente de Laura el resultado del examen de papanicolaou y repite el diagnóstico dado un día antes: displasia cervical moderada asociada a infección por virus del papiloma humano.

De manera pausada le repite lo que Laura ya había leído en Internet.

- Virus de transmisión sexual
- Vinculado siempre al desarrollo de cáncer cervicouterino
- No muestra algún signo o síntoma

Laura clava una mirada incisiva en los ojos de Juan Manuel, quien desvía la suya al médico, quizá solicitando su ayuda o apoyo como hombre que es, pero la vista del ginecólogo está fija en el rostro de Laura.

Con la voz calmada y utilizando un lenguaje lo más claro y llano, les explica que la lesión confinada al interior del cuello uterino está en una etapa tratable y curable, mediante la realización de un estudio auxiliar y la comprobación de ella mediante la toma directa o dirigida de una biopsia, en la que se toma una porción muy pequeña de la lesión, que es enviada para una revisión experta por el médico patólogo.

Pasa a la sala de exploración y la asistente la prepara de manera similar a la anterior, sólo que esta vez (posterior a la introducción del espejo vaginal) el doctor coloca entre ambos un aparato binocular, que es un microscopio especial para examinar a la vulva, vagina, ano y cuello uterino en búsqueda de cambios anormales en los vasos sanguíneos, llamado *colposcopio*, para encontrar alguna lesión en la piel de los genitales no detectada a simple vista, también lo hace mediante el uso de un ácido llamado acético, en una dilución suave, para contrastar y distinguir los cambios en la superficie de la piel o mucosa del cérvix uterino, como la aparición de imágenes blancas que semejan nubes algodonosas que evidencian la sospecha visual de la acción del VPH en esas áreas del tejido.

En efecto, el doctor encuentra una lesión de mayor sospecha y entonces con una discreta mordida de la pinza de biopsia toma una muestra y la coloca en un frasco pequeño con una solución líquida de formol para el envío al patólogo.

Laura regresa al consultorio, junto a Juan Manuel. El doctor le comenta:

—Hay una lesión de alta sospecha que visualmente confirma el diagnóstico del papanicolaou. Deben esperar el análisis del patólogo, para ofrecerles las alternativas de tratamiento.

—Doctor, ¿quién me lo contagió?, ¿desde cuándo lo tengo?, ¿qué debe hacer él, Juan Manuel, para que no le afecte o para saber si lo porta?

Agobiado por la presencia del joven y confirmando que es el novio y actual pareja sexual de Laura, además de dudar si debe comentar sobre la vida sexual de su paciente, deseando que el encuentro hubiese sido exclusivamente con ella, para poder platicar de manera confiada y amplia cada uno de los detalles, le explica:

—Si tú eres portadora del virus, necesariamente Juan Manuel también. Sobre si él te lo contagió, no puedo afirmarlo de manera categórica, pues el único precedente confiable es el resultado único de tu estudio de papanicolaou de hace año y medio, el cual había sido reportado como normal.

Pero en ese entonces ella sostenía relaciones sexuales con la pareja previa a la actual.

—Les sugiero dos cosas. Primera, esperar el resultado de la muestra tomada y, segunda, que tú, Juan Manuel, vayas a revisión con un urólogo, que se encarga de la revisión de los genitales masculinos. Los espero de nuevo aquí dentro de una semana.

Poco antes de iniciar la relación sentimental con Laura, Juan Manuel había acudido a un *table dance*, junto con unos amigos de la facultad. Ahí, después de unas copas y al calor de ellas y al ser provocado por las circunstancias, por el movimiento siempre sensual y cadencioso de las bailarinas, él aceptó que un compañero le invitara un "especial", o sea, acudir a una habitación de un metro cuadrado, ocupada solamente por una silla, donde él sentado y la bailarina encima de él, le proporciona todo tipo de caricias, para al final tener un coito rápido donde la penetra vaginalmente, sin protección. ¡Quién iba a pensar en pasar por un condón a la farmacia si la idea era salir de la facultad e irse a casa a repasar unos apuntes!

Cuando salen del consultorio y llenando los instantes con un silencio casi sepulcral, ella se anima y toma la palabra cuestionándolo:

—¿Dónde te infectaste con ese virus y con quién? ¿Por qué me lo contagiaste?

Juan Manuel saca su caballerosidad de juventud y, haciendo notar que no existe la memoria para ello, niega cada una de las preguntas. Obviamente, no iba a mostrarse culpable, además de que a él no se le notaba ni sentía nada.

Él regresa la pregunta:

—Más bien, ¿tú en dónde lo pescaste? ¿De ese noviecito tuyo que andaba contigo al mismo tiempo que con otras?

Silencio bilateral, cada quien se dirige a su casa y sus actividades normales. Se verán en una semana.

Tres días después, él acude a la consulta con el médico urólogo. Después del interrogatorio para indagar el motivo de la visita y conocer —ahora sí— la verdad, el urólogo le revisa el pene con unos lentes que magnifican la imagen; mediante la aplicación del mismo ácido acético, una buena y limpia luz de su lámpara frontal, le detecta pequeñas formaciones tipo verrugas en la base del glande, previa retracción del prepucio, que confirman la lesión masculina por el virus del papiloma humano.

Le aplica una curación mediante una solución con ácido tricloroacético, para ello utiliza la punta fina, provocando que las lesiones se tornen de color blanco y se engruesen, lo que produce un ardor moderado.

Además le sugiere que se realice la circuncisión para disminuir el tamaño de esa piel que cubre al glande llamada prepucio, para así mejorar la higiene personal y evitar la incubación de otro tipo de infección.

A la semana siguiente y en su cita puntual, se presentan Laura y Juan Manuel con el ginecólogo, refiriendo la consulta con el urólogo, el diagnóstico y el tratamiento que había sido efectivo en corto tiempo.

Del expediente de ella, el doctor extrae ahora el nuevo resultado de la biopsia tomada anteriormente, con resultado que confirma el diagnóstico inicial, lo que significa que la lesión tiene gran predisposición de avanzar a cáncer cervicouterino.

Juan Manuel y Laura se encuentran con la mirada unos segundos y se vuelven al frente, para que el doctor prosiga con las propuestas de tratamiento para ella.

Les explica que el objetivo es destruir la zona del cérvix uterino donde el virus puede causar la lesión y avanzar en ella, ofreciendo cuatro modalidades para tal fin y se las enumera:

a) *Criocirugía:* es la destrucción mediante congelación de esa área específica, a menos de 50° centígrados, durante una sola sesión llevada a cabo en el consultorio, que no requiere de anestesia ni preparación alguna de la paciente; es decir, se trata de una intervención ambulatoria, para que prosiga sus labores comunes con ciertas restricciones. No interfiere con el deseo posterior de llevar a cabo un embarazo.

b) *Electrocirugía o conización por asa diatérmica:* utiliza una asa metálica incandescente, mediante la aplicación previa de anestesia local, directamente en el cuello uterino. Es llevada a cabo en el consultorio, de carácter ambulatorio también, con la posible presence de hemorragia. La paciente amerita reposar por un lapso no menor de un día, no esfuerzos por dos meses y evitar las relaciones sexuales por 3 meses. La muestra retirada se envía a revisión con el patólogo para confirmar como libre de la lesión.

c) *Vaporización con láser de bióxido de carbono:* en el consultorio y mediante la aplicación de anestesia local al cuello uterino, se procede a hacer un corte en toda su circunferencia con el uso de un bisturí, en toda el área afectada. Posteriormente, con el rayo de luz láser se destruye el tejido a una profundidad de más de seis milímetros, realizando un barrido en forma de cono con el vértice hacia adentro. Ese rayo intenso quema, evapora y cauteriza al mismo tiempo, aunque puede provocar sangrado posterior. Tiene un inconveniente: el aparato es poco accesible, por su alto costo de adquisición y por las medidas tan especiales que requiere su manejo y conservación, tales como el no moverlo de un sitio fijo, mantenerlo a una temperatura estable y poseer el entrenamiento especializado para su uso.

d) *Conización quirúrgica del cérvix mediante cuchillo frío:* llamado así porque se utiliza la hoja de un bisturí largo. Requiere el uso de un quirófano ambulatorio, anestesia regional mediante bloqueo peri o epidural y estancia hospitalaria de un día, como mínimo. Puede provocar sangrado, pero en menor proporción que con el uso de la electrocirugía. Mantiene la posibilidad de un futuro embarazo y permite que el patólogo tenga una pieza íntegra para asegurarnos la curación.

Con cualquiera de los cuatro procedimientos se obtiene entre 90% y 100% de éxito de quedar libre de la enfermedad. La paciente sólo estará obligada a mantener un continuo control a base de revisiones periódicas y el estudio de papanicolaou.

Laura pensará y decidirá si pide una segunda opinión profesional, para lo cual deberá hacer cita para los primeros días pasado su siguiente sangrado menstrual.

Juan Manuel rehuye al hecho de estar juntos, primero por los posibles comentarios inquisidores; segundo, por no tener la respuesta adecuada para no salir afectado. Ahora su preocupación se centra en obtener dinero para sufragar los gastos del tratamiento de ambos.

Por fin acuden nuevamente con el médico ginecólogo. Laura ha tomado la decisión de efectuarse el método llamado criocirugía, porque investigó y ahora sabe que tiene 98% de curación, una baja tasa de daño y el costo es accesible.

Laura se coloca en la mesa de exploración para su revisión genital. El ginecólogo le introduce el espejo vaginal, le limpia el cuello uterino con una torunda seca. Arma la pistola que tiene una punta de acero quirúrgico, conectada a un cilindro de óxido nitroso, que coloca cubriendo la totalidad del cérvix y acciona el gas durante un minuto y medio, descongela por el mismo tiempo. Repite el proceso por el mismo tiempo, de manera que el cérvix queda como un cubo de hielo.

El procedimiento a Laura sólo le provoca ligeros cólicos en la parte baja del abdomen, causados por el estímulo congelante al cuello uterino, que desaparecen al finalizar el mismo.

El ginecólogo le explica que durante las siguientes dos semanas ella notará un aumento en la cantidad del flujo vaginal, caracterizado por la salida de líquido acuoso, que ocasionalmente pudiera estar acompañado de escaso sangrado, un poco de mal olor —producto de la descomposición del tejido congelado que tiene que necrosarse o morirse por destrucción— y que posterior a este lapso volverá a la normalidad y quizá a tener menos flujo vaginal que el acostumbrado.

El doctor le receta a Laura unos óvulos para mantener en condiciones sanas la vagina y el cuello, además de reposo moderado, así como suspender las relaciones sexuales hasta que Juan Manuel sea dado de alta por el médico urólogo.

Su siguiente revisión será en tres meses, para una nueva toma de papanicolaou, después a los cuatro meses, luego a los seis y posteriormente se realizará el examen cada seis meses durante tres años como mínimo.

¿CUÁLES SON LAS FORMAS DE TRATAMIENTO

10

DEL CÁNCER CERVICOUTERINO?

Manejo del cáncer cervicouterino invasor

La lesión se llama así cuando ya ha rebasado los límites de la membrana del sitio de su origen, pudiendo ser inicial o local, con extensión a los órganos vecinos, tales como los ligamentos que suspenden el útero o matriz, la vagina, la vejiga y el recto. Si la lesión se encuentra solamente en el cérvix o cuello uterino, sin invadir otras áreas, el tratamiento indicado es la cirugía histerectomía radical, que consiste en retirar el órgano completo; es decir, el útero con todo su cuello, junto con una porción de vagina, aproximadamente entre uno o dos centímetros de ella, así como la extirpación de los ganglios linfáticos que le corresponden a ambos lados de ella y hacia arriba hasta la altura del ombligo.

Cuando la lesión ya invade tejidos fuera del cuello uterino, el tratamiento deja de ser candidato a la cirugía y se requiere de la destrucción de las células cancerosas, tanto en el cuello uterino como en el órgano invadido, mediante radiaciones con partículas nucleares, generalmente con cobalto radiactivo y ayudado con medicamentos intravenosos o quimioterapia, que en este caso permiten que la radiación sea más fuerte y la lesión más sensible a su desaparición.

La radioterapia requiere un centro especializado en cáncer, pues la bomba de cobalto es cara y de un manejo de alta tecnología, con personal altamente calificado y acreditado. Se trata de un método costoso y por lo tanto no es accesible en cada ciudad.

En México existe un centro de radioterapia en cada estado, pero hay que tener en mente que algunas de nuestras entidades federativas tienen una longitud de más de mil kilómetros, por lo que el acceso a ellos es difícil para la mayoría de la población. Por otro lado, se debe considerar que su costo no está al alcance de cualquiera y la duración del tratamiento completo amerita permanecer en la ciudad, o muy cerca, por un periodo no menor de seis semanas, lo que implica sufragar los gastos de estancia y transporte.

Vemos pues que el manejo de la enfermedad se torna más complicado, costoso e inaccesible conforme al grado de avance de la misma. Por ello insisto que lo mejor es la detección temprana de una enfermedad tratable y curable.

Consecuencias del tratamiento

Ningún tratamiento es inofensivo. Tanto los expectantes como las quimio y radioterapias, sin dejar de lado las cirugías tienen secuelas.

Primero, cuando la paciente se vigila simplemente y se mantiene monitorizada con estudios de papanicolaou seriados, puede llegar a inquietarse si los resultados no muestran mejoría o curación, pudiendo realizarse otros manejos no científicos y comprobables.

Muchos casos son sobretratados injustificadamente por médicos que aprovechan el grado de desesperación de la portadora y su entorno familiar, llegando a practicar mutilaciones del cérvix uterino y provocando graves consecuencias, tales como hemorragia, cierre parcial o permanente del canal del cuello uterino, derivando en esterilidad, pérdida del órgano completo por una lesión que hubiera sido tratable en forma oportuna y a un costo obviamente mucho más bajo.

Para evitar lo anterior, la paciente debe —por derecho y por obligación— solicitar y recibir información adecuada y amplia respecto a su problema: origen, situación actual, pronóstico, propuestas para su manejo, posibles complicaciones, tiempo de recuperación y costo que conlleva, ya sea en el sector público o en el privado.

También debe tomarse en cuenta la factibilidad de acceso al centro de tratamiento, la necesidad de abandonar su núcleo familiar y la obligación de proseguir en vigilancia.

Cuando se debe utilizar el tratamiento con radiaciones, con o sin quimioterapia, los efectos secundarios pueden ser variados. A corto plazo: quemadura superficial y profunda de la piel del área radiada —el hipogastrio, que abarca de abajo del ombligo a los genitales, incluyendo las ingles—, así como inflamación de la vejiga y el recto —provocando alteraciones molestas al orinar o al defecar. A mediano o a largo plazo: lesiones serias que pueden lastimar y hasta perforar órganos vecinos, que provocan sangrado al orinar y al defecar, o fístulas que pueden comunicar a la vejiga con la vagina, el recto con la vagina, y éstos tres con la piel o incluso intercomunicarlos.

¿Por qué a mí?

Josefina, de 40 años, es madre de tres hijos: Brian, de 23; Joanna, de 20, y Christopher de cinco años. Poco después de que naciera su hija, quedó viuda. Trabaja como obrera en una empacadora de atún, gana el mínimo, con turno matutino y por las noches, estudia la preparatoria abierta pues desea entrar a la universidad a estudiar derecho. Sus dos hijos mayores trabajan y estudian una carrera técnica, su tercer hijo cursa su tercer año de kínder.

Josefina reinició su vida sexual hace seis años con un dependiente de una farmacia del barrio donde vive. Con él sostuvo relaciones sexuales sin protección, por lo que a los tres meses empezó un embarazo no deseado, mucho menos planeado. Después de comunicarle la noticia a su galán y de múltiples evasivas, éste desapareció del mapa: que lo cambiaron de sucursal, que se enfermó gravemente, que simplemente se fue...

Llevó su embarazo de manera normal en la clínica a la que es derechohabiente. El bebé nació por parto natural. Posterior al parto, solicitó que le practicaran la salpingoclasia, método por el que quirúrgicamente se obstruyen ambas trompas de falopio para evitar de manera definitiva volver a embarazarse.

Tres meses después notó la aparición constante de una mancha de color rojo pálido en su calzón, y a veces también en el papel sanitario al asearse después de orinar. Lo comentó con una de sus compañeras de trabajo, quien le dijo que son rezagos de la menstruación, pues "así le pasó a una prima".

Al observar que persistía y aumentaba esa secreción, acudió con el médico de la empresa, quien, apurado por estar próxima la hora de salida, le recetó unos óvulos que debía aplicar durante seis días por vía vaginal. En la breve consulta, Josefina fue cuestionada acerca de si ya se había practicado un examen de papanicolaou.

—No, porque no tengo tiempo para ir al Seguro. Me queda lejos.

Puntualmente se aplicó el óvulo indicado por seis noches consecutivas, y sintió una pequeña mejoría.

Una semana después de terminar el tratamiento sugerido por el médico general de su trabajo, regresó el mismo flujo asalmonelado, con discreto aroma a sangre limpia. Preocupada, pidió permiso para salir más temprano y acudir a su clínica de adscripción.

Ahí, tras una breve explicación del problema, le asignaron una enfermera del área ginecológica, encargada de la toma de las muestras. Después del llenado del formulario acostumbrado, la enfermera le indicó a Josefina que debía quitarse la ropa totalmente y colocarse una bata color verde. Le pidió que se recostara en el cheslón del cubículo para revisarle ambas mamas. La enfermera palpó una serie de bolitas que, le recomendó, debe seguir autoexplorando mensualmente.

La pasó a la mesa ginecológica de exploración, introdujo el espejo vaginal, observó la vagina y el cérvix uterino; notó un enrojecimiento en la parte posterior y se dispuso a tomar una muestra. Le comunicó que el resultado podría tardar dos semanas y que le recomendaba acudir a consulta con el médico familiar para checar esa "úlcera del cuello".

Dos semanas después, Brian le entregó a Josefina un aviso de su clínica del Seguro Social, en el que le indican que tiene que presentarse a la brevedad posible con el médico encargado del departamento de Medicina Preventiva.

Al día siguiente solicitó permiso para asistir a su cita esa misma mañana. Ya en la clínica, el médico encargado la recibió sin hacer antesala.

—Recibí un citatorio. ¿Para qué es, doctor?

—Es sobre el resultado de su estudio de papanicolaou realizado hace dos semanas. Mire, el análisis es positivo, o sea, hay presencia de células de carcinoma escamoso. Dicho en otras palabras, tiene cáncer de cuello uterino, por lo que tendrá que acudir al servicio de Ginecología al hospital de segundo nivel al que pertenece esta clínica. Tiene usted la obligación de ir a revisión con el especialista para que revise concienzudamente el cuello de su matriz. Él le dirá si es necesario llevar a cabo la toma de una biopsia. Seguramente será así.

Después de darle tal noticia, el doctor llenó el formulario correspondiente a la historia clínica de Josefina, con las preguntas lógicas acerca de su vida sexual (inicio de ella, el número de compañeros sexuales, número de embarazos y vía de resolución, ya sea por parto vaginal o cesárea), además de la fecha del último examen de papanicolaou.

Preocupada más por sus hijos que por ella misma, regresó a su hogar y a sus labores en la fábrica mientras llegaba el día de su cita con el especialista, a la que acudió de manera puntual. La revisaron tanto el ginecólogo como el encargado del departamento de clínica de displasias, que bajo la observación microscópica utilizó un colposcopio, aparato binocular que con lentes de aumento revisa el cuello uterino, vagina y vulva. Entre ellos comentaron sobre la presencia observada de una lesión en el radio de las 9, semejando el cuello como un reloj y procedieron a tomar la biopsia de ese sitio.

Después de aplicarle un taponamiento vaginal para evitar un sangrado posterior, utilizando dos gasas juntas empapadas en agua oxigenada que ayuda a coagular, le indicaron reposo en casa para ese día y que al otro día durante el baño, lo retirara ella misma. Le aconsejaron evitar las relaciones sexuales por dos semanas como mínimo.

Le prescribieron unos óvulos antisépticos y la citaron para seis semanas después, con el objetivo de checar el resultado de la biopsia. Ella decidió hablar con Brian y con Joanna, por ser mayores de edad y les pidió no hacer partícipe de ello al menor, Christopher.

Llegó el día de la cita para conocer el resultado. El ginecólogo le dio la noticia más fuerte de su vida, después de la muerte de su madre:

—Señora, la biopsia muestra células concluyentes de carcinoma escamoso invasor, que significa que ya ha rebasado la membrana celular. Es decir, en definitiva se trata de cáncer cervicouterino. Por ello es necesario hacer una revisión todavía más especializada, la de un oncólogo ginecólogo. Así que le daré un pase para el Centro Médico de Especialidades, para dentro de dos semanas.

Sólo había angustia y desesperación en el interior de Josefina. "Ya estoy invadida toda por dentro. Cáncer invasor. Ya no tengo esperanzas. Será mejor que me muera de una vez. Ay, ¿y mis hijos? ¿Cómo les digo que ya me voy a morir? No, como sea, los mayorcitos ya pueden salir adelante solos, pero ¿Christopher? Ay, no. Haré todo lo que tenga que hacer por mi hijito."

En el consultorio del oncólogo ginecólogo, éste le explicó que debía revisarle la vagina y el recto mediante la introducción de un dedo de su mano con guante explorador, para poder palpar los ligamentos que se encuentran al lado del cuello uterino, lo cual permite establecer la etapa de la enfermedad. Dicho en otras palabras, ver hasta dónde ha invadido o se ha extendido el cáncer, pues de ello depende la propuesta de tratamiento y el porcentaje de sobrevida posterior.

Después de esa molesta exploración, el especialista concluyó que Josefina era portadora de un cáncer cervicouterino invasor en la etapa Ib, que significaba que estaba confinado exclusivamente al cuello y que no había invadido órganos cercanos o vecinos, por lo que el tratamiento tendría que ser mediante cirugía radical. Le explicó:

—La cirugía conlleva el retiro total del útero o matriz, con todo el cuello y una porción de por lo menos un centímetro de vagina. Además, le voy a disecar los ganglios de su pelvis, por ello le haré una comprobación radiológica que debe mostrar no invasión a esos ganglios mediante una tomografía axial computada de esa zona. Esta cirugía se llama histerectomía radical. Sus ovarios quedarán intactos, así impediremos que sufra un climaterio prematuro, y evitaremos el uso de radiaciones posteriores. De salir bien el resultado de patología final, se catalogaría como curada, libre de la enfermedad.

Josefina escuchó atentamente. Tres semanas después se llevó a cabo la cirugía, sin contratiempos. Tres días más de hospitalización y seis semanas de incapacidad laboral. Ese tiempo lo aprovechó para disfrutar de su hogar y de sus hijos, de hacer un recordatorio de vida. Se prometió tener más cuidado y atención de su salud y la de los suyos.

Antes de terminar con su incapacidad, acudió a la cita de los resultados finales de la cirugía.

—Señora, la felicito: la cirugía se llevó toda la lesión y los ganglios extraídos están libres de la enfermedad. Está usted curada y sus controles serán a base de papanicolaou cada cuatro meses el primer año y posteriormente cada seis meses, por lo menos durante cinco años más.

Ahora sabe que su cáncer estaba asociado a la infección por el VPH, con el subtipo 18, de alto grado y de rápida progresión, concluyó que su última y fugaz pareja sexual la había contagiado tal obsequio, hizo conciencia de que ella se trató, aunque un poco tarde, pero de manera satisfactoria. Deseó que las ulteriores parejas de su ex hayan hecho lo mismo con más prontitud, como marca la Norma Oficial. De nuevo lleva su vida normal y agradece la nueva oportunidad de vivir con salud.

¿QUÉ DEBO ESPERAR DEL TRATAMIENTO? 11

Volvamos a la historia de Laura, cuyo caso conocimos en el capítulo 9. Luego del diagnóstico y su criocirugía, ahora ya sabe que el vph es el agente que causa 99.7% de los casos de cáncer cervicouterino. Que la lesión precursora conocida como displasia tiene tres etapas: leve o inicial (de bajo grado), moderada o intermedia y severa o grave (todas de alto grado). Que es transmitido exclusivamente por la vía sexual, de manera totalmente independiente de la preferencia sexual. Que se trata de una infección de carácter mundial, que no respeta fronteras, mejor catalogada como pandemia. Que tiene un mayor número de infectados en los países en vías de desarrollo, que no cuentan con un adecuado sistema de salud, de tipo preventivo. Que existe riesgo de contagio incluso tomando medidas de "sexo seguro", como el uso del preservativo, pues sus partículas son más pequeñas que el entretejido microscópico del látex.

Además, Laura ahora sabe que, en la mayoría de las mujeres, la infección por vph no muestra síntomas; que en 80% de los casos desaparece por sí solo, cuando los portadores cuentan con un efectivo sistema inmunológico, en un periodo que va de los doce a los dieciocho meses. Que existen más de 120 subtipos de este virus, que les han dado un número a cada uno de ellos, pero que especialmente dos de ellos son los que provocan más del 80% de todos los casos de lesiones precancerosas: el subtipo 16, más común en México y origen de 85% de los casos, y el subtipo 18, que es el causante de aquellas lesiones de rápida progresión. Que los subtipos 6 y 10 son los que provocan las lesiones visibles en la piel de los genitales externos como la vulva, el periné y la región alrededor del ano o perianal en la mujer; en el hombre, en su pene, escroto, periné y también perianal, dependiendo de su preferencia sexual. Que si aparecen lesiones de tipo verrugoso éstas pueden ser solitarias y aisladas o múltiples y conglomeradas llamadas condilomas que a su vez pueden ser planos o sobresaltados, o en sobrerrelieve, así como únicos o múltiples, llamados acuminados.

Laura ha cumplido con las especificaciones de su médico especialista después de su tratamiento, practicándose sus papanicolaous seriados y todos resultaron normales. Juan Manuel ha cumplido con la parte del tratamiento que le corresponde y ha acudido al médico urólogo para la aplicación de ácido tricloroacético. Tras dos años de chequeos, son dados de alta.

Retornemos ahora a Josefina y su historia, que aparecen en el capítulo 10. Antes de haber sido sometida a cirugía, a ella le surgió una pregunta fundamental: ¿Por qué la prueba de papanicolaou que se había hecho dos años antes no había arrojado sospecha alguna?

Aún en los mejores centros médicos que existen para la atención al cáncer, la prueba de papanicolaou tiene un margen de falsos negativos del 15%, esto significa que de cien exámenes positivos a cáncer, quince de ellos pueden reportarse como normales debido a una serie de detalles, por ejemplo:

a) La muestra no fue bien tomada con el material indicado, que es el cepillo o *cytobrush* que penetra en la zona donde la lesión nace, debido a la inexperiencia y falta de preparación del personal que lo hace.

b) No se fijó bien la laminilla con el aerosol que hay para el caso, sino que se dejó secar, las células esparcidas se deterioran impidiendo su correcta lectura e interpretación.

c) Existe un proceso inflamatorio intenso al momento de la toma que imposibilita su lectura.

d) El citólogo, citotecnólogo, patólogo o citopatólogo encargado de interpretar la muestra, no está capacitado adecuadamente para ello.

e) Se extravió la muestra y se llenó un falso reporte.

f) La muestra no es revisada por un patólogo competente.

Por lo tanto, puede ser que el papanicolaou que Josefina se realizó dos años antes ya denotara algún cambio que indicara existencia de la enfermedad preinvasora o precursora de lo que devino en cáncer y no fue detectado en su momento.

Entonces sí es posible que llevara más de dos años con ese problema potencialmente detectable o que el virus del papiloma humano que ha gestado la lesión sea de un subtipo de rápida progresión como es el VPH 18 y que dos años hayan sido suficientes para hacer llegar la enfermedad a un estadio localmente avanzado.

La toma de una porción pequeña, pero representativa de una lesión sospechosa, practicada por un profesional y sobre todo de manera dirigida con la ayuda de una lente de aumento, no favorece o acelera el crecimiento de una lesión cancerosa, por lo que las tomas de biopsia están indicadas y son de suma importancia para poder nombrar a la enfermedad con sus características completas, si es o no invasora, si realmente existe o el papanicolaou fue erróneo, si pertenece a determinado tipo o estirpe de tejido del cuerpo, si es de bajo o alto grado, etcétera.

Josefina se muestra agradecida por haber actuado de manera decidida así como por el trato de los médicos encargados que actuaron con sinceridad y profesionalismo al momento de comunicarle su padecimiento. La no interrupción de su atención, la correcta cirugía propuesta y practicada, el resultado satisfactorio de la cirugía donde mostraba que quedaba libre de la lesión invasora. Su pronta recuperación y regreso a su actividad laboral, así como de reintegrar la función completa de su organismo, se muestra agradecida y saca el mejor resultado de su experiencia.

¿CUÁL ES EL MEJOR TRATAMIENTO PARA LAS DISPLASIAS? 12

Antes que nada, es importante hacer notar que 98% de los casos de displasia leve (lesión escamosa de bajo grado) desaparecerá espontáneamente, o sea, se anula por sí sola, aun sin usar algún tratamiento a base de óvulos o cremas vaginales, por lo que un solo resultado de la prueba de papanicolaou no será suficente diagnóstico; prevendrá a la portadora, pues de manera automática ella pasará al grupo de mayor riesgo.

Del 2% restante, la mitad de los casos podrá progresar a un cáncer invasor, cifra nada despreciable pero que no debe poner en riesgo a la población, si es que es posible llevar un adecuado seguimiento del caso con la toma de nuevos papanicolaous seriados.

El examen de papanicolaou se refuerza cuando se repite anualmente; llega a ser más confiable cuando el seguimiento puntual y verificable lo sigue confirmando, pero cuando la mujer se conforma con una prueba, entonces la confiabilidad del método disminuye, no por el examen mismo sino por la deficiencia en su repetición y corroboración.

Manejo de las lesiones precursoras del cuello uterino

Lo primero que debe tomar en cuenta el especialista es si la paciente o portadora de la lesión es susceptible o no de observación y tratamiento, dado que no es la misma condición la de una mujer citadina o que viva cerca del centro de salud donde se llevará su manejo y control subsecuente, que a la de una que viva en una zona marginada, donde por cultura, nivel socioeconómico o lo agresivo de su entorno, se le dificulte su atención.

De los casos de infecciones por VPH que se detectan de forma oportuna, 10% de las mujeres con lesiones de bajo grado progresan a lesiones de alto grado, y sólo 0.5% a cáncer invasor. Eso nos permite no tratar de manera inicial, o sea, en el primer contacto que tenemos, sino que el manejo puede ser sólo vigilante mediante la revisión y toma de nuevas citologías o papanicolaou —a este tipo de seguimiento se le llama expectante. De esa manera se reducen tanto el riesgo de daño como el costo para el paciente y la institución.

En primer lugar, habrá que tratar, si fuera el caso, las infecciones por bacterias u hongos que suelen acompañar la lesión, así como al proceso inflamatorio que la acompañe; en segundo término, la toma de nuevas muestras para estudio de papanicolaou con intervalos de cuatro a seis meses, para valorar su comportamiento: ya sea que desaparezca o que se mantenga estable o, en el menor de los casos, que progrese.

Si la portadora de la lesión no es susceptible de seguimiento seguro, entonces será candidata a manejo directo mediante la destrucción del área afectada, con algunos de los métodos explicados en este capítulo.

Toda muestra obtenida debe ser revisada concienzudamente por el médico patólogo para constatar que la lesión se haya extraído de manera completa, y poder dar un pronóstico eficaz y un manejo posterior confiable.

Existen diversos procedimientos a realizar en casos positivos de displasia:

- Electrofulguración
- Electrocirugía mediante la realización del cono cervical por el asa diatérmica
- Criocirugía del cuello uterino
- Vaporización con láser
- Cono cervical mediante cuchillo frío

Todos estos métodos ya fueron explicados en capítulos anteriores. Sin embargo, haremos un repaso de cada uno de ellos, pues lo importante es dejar lo más claro posible toda la información que requieras.

La criocirugía, la vaporización y el cono son métodos aplicables a mujeres que desean tener más hijos o que no los hayan tenido, pues las portadoras de lesiones del cuello uterino que ameriten un método definitivo de planificación familiar son candidatas a la extirpación completa de su útero o matriz, con o sin ovarios, dependiendo la edad, el grado de progresión de la enfermedad, bajo la autorización de la paciente.

Electrofulguración cervical

Este método se realiza con un aparato especial que conduce corriente eléctrica alterna de las tomas de corriente caseras y regula el voltaje. El aparato se encuentra conectado a un lápiz eléctrico que posee un botón de encendido y apagado, rematado en su punta con una cuchilla metálica delgada de un largo de 3 cm que emite en su longitud una descarga eléctrica que quema al tejido cercano de la persona a la que se le ha colocado una placa con pegamento en alguna parte de su cuerpo para hacer un circuito cerrado, o sea, para que la corriente sólo fluya en esa persona y no en la persona que opera el aparato, pues le podría ocasionar severos daños por quemadura eléctrica.

El operador, en este caso el médico, hace una quemadura con el lápiz eléctrico, en forma de abanico en todo el cuello uterino, a una profundidad de 1 a 3 mm. No es un barrido completo ni exacto, pues quedan surcos marcados con el lápiz con áreas o segmentos quemados y otros intactos, por lo que la lesión podría quedar tratada incompletamente.

Como toda quemadura eléctrica, puede dejar cicatrices en la superficie y en el inicio del cuello y canal uterino, que pueden entorpecer un embarazo al alterar el sitio por el que los espermatozoides deben penetrar al interior del cuerpo uterino.

La electrofulguración es accesible y de carácter ambulatorio, pues se realiza en el consultorio del ginecólogo, no necesita anestesia ni hospitalización posterior, ocasiona leves a moderados cólicos en el bajo vientre por estímulo al cuerpo uterino al provocarle que se contraiga, pero éstos son tolerables en la mayoría de las pacientes.

El sangrado es mínimo y raro, su confiabilidad, que es la tasa de curación de la lesión mediante la realización de este método, varía de entre el 50 al 90%, dependiendo de la calidad del aparato y del barrido quemante que debe realizar el operador.

Muchas de las veces la lesión es más profunda que lo que otorga la intensidad del aparato y ésta queda intacta o subtratada, pudiendo proseguir su evolución natural, por lo que en el mejor de los casos deberá ser complementada con otro método.

Electrocirugía cervical o conización por asa diatérmica

Para esta modalidad se necesita un aparato similar al anterior, que maneja voltajes controlados, pero que en lugar de que el lápiz operador tiene una sola punta y posee una serie de asas metálicas de formas redondas u ovaladas, que previo a colocar a la paciente en la posición ginecológica y de la inserción vaginal del consabido espejo para exploración y visualización del cuello uterino, se procede a inyectar al cérvix un anestésico local como xylocaína al 2%.

Una vez que el anestésico hace su efecto, el operador aplica el asa incandescente, es decir, al rojo vivo. Si tomamos de frente al cuello uterino y lo describimos como un reloj, éste realiza un recorrido con el asa de derecha a izquierda, o sea de las tres a las nueve, a una profundidad de hasta un centímetro y medio, abarcando así la totalidad de esa área conocida como unión escamo-columnar, que es donde se junta el tejido externo y el interno del cérvix, zona donde se presentan los cambios precursores de la enfermedad.

Como el asa es incandescente genera calor por encima de los 100 °C, y corta ese tejido, al mismo tiempo que lo cauteriza, evitando un sangrado profuso.

Una vez terminado el barrido completo, el operador cauteriza con una punta de bola (también metálica) aquellos vasos que pueden estar sangrando, retira el espejo vaginal, deja en el interior un tapón de gasa impregnado con una solución que ayuda a impedir el sangrado llamado de Monsel, que la paciente debe retirar al día siguiente. La porción cónica obtenida debe ser enviada al médico patólogo para revisar y constatar que se retiró el problema por completo.

La ventaja de este procedimiento es que es ambulatorio: no requiere ni quirófano ni hospitalización y su costo es accesible. La recuperación total del cuello es de 12 semanas, tres meses completos y la tasa de curación es del 98%. Las desventajas son el sangrado inmediato y mediato. Como los bordes están quemados, el patólogo no puede asegurar que están libres de la lesión, poniendo en tela de juicio que hayan quedado posibles residuos de enfermedad en el cérvix, por su agresividad puede producir una cicatriz extensa que puede afectar el futuro reproductivo de la mujer, al dificultar el embarazo.

Criocirugía del cérvix uterino

El criocauterio es un sistema que utiliza gases fríos, tal como el bióxido de carbono y el más usual es el de óxido nitroso, también llamado gas ilharante, usado en la Primera Guerra Mundial para adormecer después de haber causado risa.

Este gas está contenido en un tanque que se conecta a una pistola especial en la que se colocan diferentes artefactos de acero quirúrgico en su punta, en los que el gas los invade por dentro ocasionando que disminuyan su temperatura por debajo de los 50°C a los 80°C bajo cero, en un tiempo de 3 a 10 segundos.

No necesita anestesia pues el frío va durmiendo e insensibilizando el área que invade.

Igualmente es un procedimiento ambulatorio de consultorio, que lleva 15 minutos para efectuarlo.

La finalidad es quemar por congelación a una profundidad de 6 mm como mínimo en la unión escamo-columnar, sitio de la lesión provocada por el virus del papiloma humano.

El tejido congelado se quema perdiendo su vitalidad, se necrosa y se desprende provocando una secreción vaginal en forma de abundante líquido, ocasionalmente con sangre y que puede despedir un aroma desagradable por un periodo no menor a dos semanas. Después el flujo disminuye gradualmente hasta hacerse menor que lo previo al procedimiento.

Su tasa de curación en una sola sesión es de 98 al 99%.

> **Los tres procedimientos anteriores sólo están indicados en el tratamiento de la displasia leve y en la moderada.** Aunque el cono por asa se puede utilizar en la displasia severa bien localizada. Es necesario también cerciorarse que no exista embarazo.

Vaporización con láser

El láser es una luz incandescente, delgada, que es dirigida a voluntad por el operador, que destruye evaporando a las células que toca por el calor que les provoca en su contenido de agua, haciendo esto de manera controlada y a la profundidad exacta programada.

Con este método se pueden tratar las displasias de bajo grado o leve y las de alto grado, tanto moderada como severa, incluso también el carcinoma in situ o etapa 0.

El procedimiento lleva la misma preparación de la paciente: retirarse la ropa interior y colocarse una bata cómoda, adoptando la posición ginecológica en la mesa de exploración, separando sus rodillas y relajándose para permitir la introducción del espejo vaginal y la visualización del cuello del útero.

Requiere la inyección directa en el cérvix de un anestésico local, tal como la lidocaína o xylocaína simple al 2%. Se inicia con un corte circular, alrededor del orificio del cérvix, con un bisturí de mango largo, luego se utiliza para posteriormente usar la luz incandescente del láser para ir quemando y evaporando circularmente a esa porción dibujada como un cono con la punta hacia adentro, es decir, ancho en la porción más superficial, cerrando el diámetro conforme avanza hasta cerrarse a una profundidad de hasta dos centímetros aproximadamente.

En la medida que avanza el corte quemante, el rayo láser va cauterizando los vasos sanguíneos y evita el sangrado. Al término del procedimiento se coloca un tapón con gasa presionando al área, que la paciente retirará al día siguiente.

La tasa de curación es similar a los otros tres procedimientos, entre el 98-99%.

Entre las complicaciones es el sangrado posterior a su realización.

Tiene el inconveniente de ser de alto costo. No es accesible en todos los consultorios o centros hospitalarios de segundo nivel por el precio del aparato, y los cuidados que requiere pues debe mantenerse a una temperatura controlada, no se debe mover de un lado a otro, etcétera.

Además de que como actúa evaporando las células, no se obtiene el material necesario para que el patólogo revise la pieza y confirme que se destruyó totalmente la lesión, sino que hay que esperar el seguimiento común de la toma repetitiva del papanicolaou para su certificación.

Cono cervical quirúrgico o con cuchillo frío

Este es el único procedimiento de tipo conservador que amerita tanto el uso de quirófano como anestesia regional, con la técnica de inyección de lidocaína simple al 2% o igualmente de lidocaína llamada pesada, en el espacio peridural, o sea, alrededor de la membrana meníngea llamada *duramadre* que cubre la médula espinal, la cual rige a todos los nervios tanto del aparato sensitivo como del motor. En el procedimiento tiene que intervenir un médico anestesiólogo para la aplicación y vigilancia en todo el transcurso de la cirugía.

La paciente debe tener un ayuno de no menos de seis horas previas, haberse tratado cualquier infección presente en vagina y cérvix con óvulos antibióticos, haber terminado de menstruar de preferencia en los días más próximos al evento, pues la presencia del sangrado menstrual entorpecería la visualización adecuada y enmascararía a un sangrado secundario.

Al internarse en la clínica u hospital escogido, debe canalizarse una vena de uno de sus brazos, conectando un suero o solución líquida balanceada para poder aplicarle los medicamentos necesarios para todo el procedimiento anestésico y quirúrgico, así como manejar su presión arterial para mantener estable a la paciente en el transcurso del mismo.

La mesa del quirófano adopta múltiples posiciones, escogemos en la que la paciente está recostada cara arriba, con las piernas recogidas y colocada la parte posterior de las rodillas en unos sostenes curvos, que mantienen las piernas separadas, de manera que los genitales externos queden expuestos a la revisión minuciosa del médico especialista. Se asea el área genital con una solución antiséptica, ya sea una solución a base de iodopodivolona, conocida como isodine o *iodine* en inglés, o se puede utilizar una solución con cloruro de benzalconio conocido como benzal o simplemente jabón líquido quirúrgico, siempre de los muslos a los genitales.

Se puede o no vaciar la vejiga de la orina acumulada, mediante la inserción de una sonda ahulada y esterilizada, dependiendo de si el ginecólogo nota la vejiga llena y considera que pudiera interferir con el procedimiento.

Se necesita la colaboración de un primer ayudante para la colocación y manipulación de unas valvas vaginales, que son dos artefactos metálicos dotados de un mango, con una curva en 90° con una parte tipo cuchara plana de largo de 10 cm, de terminación lisa, que es la que se introduce en la parte inferior de la vagina y la segunda en la superior, traccionando la primera hacia abajo y la segunda hacia arriba, para mantener en apertura todo el trayecto de la vagina y que permita al médico especialista la visualización amplia del cérvix enfermo y otorgue la apertura necesaria para trabajar con facilidad en ese conducto tan estrecho, ya que la vagina no es un tubo expandido, es una cavidad que por sí no existe pues es plegada en sus cuatro caras, una anterior y otra posterior, dos laterales, izquierda y derecha de la paciente.

Mediante la solución antiséptica preferida, se limpia el cérvix y el trayecto vaginal, procediendo a inyectar una solución en el radio cervical de las cuatro y las ocho, si comparamos el cuello uterino con la carátula de un reloj, a base de 10 cm³ de agua inyectable con un mililitro de epinefrina o adrenalina, que nos ayudará a que los vasos sanguíneos del cérvix se hagan más delgados, para evitar sangrado excesivo que impida visualizar el procedimiento y llevarlo a cabo de manera correcta.

Con un bisturí de mango largo, necesario para alcanzar con facilidad al cérvix situado al fondo de la vagina, generalmente a ocho o diez centímetros del inicio de ella, se lleva a cabo una incisión circular que sobrepase a la lesión previamente marcada con el uso del colposcopio, microscopio de tres aumentos usado para tal fin, haciendo un corte en forma de cono con vértice interior o hacia adentro, con una longitud ideal de dos y medio centímetros, para abarcar la totalidad del conducto endocervical que comprende desde la unión escamo-columnar, sitio de origen de la lesión y de la parte interna del cuello donde la enfermedad puede extenderse.

Una vez retirada esa porción incidida, se revisa y cauteriza algún vaso sangrante y se cierra en cérvix distendido operado, mediante una sutura tipo jareta, que es, utilizando un hilo de sutura que se absorbe en seis semanas como mínimo, encajándolo en la orilla interna de la porción operada y cerrando la boca ancha del cuello resultante como si fuese una bolsa de tela, de esas donde se guardan las joyas pequeñas, nosotros los oncólogos conocemos ese tipo de sutura como bolsas de tabaco.

Al terminar la sutura circular, se deja también un tapón vaginal para que haga compresión en la zona operada ante un posible sangrado.

La paciente debe permanecer internada por lo menos durante el día de la cirugía, la noche correspondiente y ser dada de alta en, por lo menos, 24 horas de observación postoperatoria.

El tapón se retira al día siguiente, al igual que el suero aplicado para la administración de anestésicos, antibióticos profilácticos y de medicamentos para mitigar el dolor, conocidos como analgésicos.

Se recomienda evitar las relaciones sexuales por un periodo no menor de seis semanas así como no realizar grandes esfuerzos que puedan provocar sangrado, el uso de un método anticonceptivo durante un periodo no menor de un año, luego de que se certifique que se está libre de la enfermedad mediante las pruebas de papanicolaou y las colposcopias satisfactorias que corresponda.

El material obtenido por el corte cónico y limpio por el bisturí se envía íntegro en una solución de formol, al laboratorio de patología para que se estudie y nos confirmen datos importantes, como la naturaleza exacta de la lesión, la posible extensión de la misma, la invasión o permeación a vasos o ganglios, y, lo más importante, que es comprobar que la lesión va completamente incluida en la pieza extraída y que los bordes de la cirugía están libres de la lesión o enfermedad.

Es entonces cuando podemos decir que la paciente quedó curada, libre de la enfermedad.

Este procedimiento es para los oncólogos ginecólogos el más adecuado por sus resultados confiables, su tasa de curación es similar a los otros explicados anteriormente, el 98-99%.

Es el preferido para los casos en los que se debe conservar el útero o matriz para poder procrear hijos, sobre todo en los casos de displasia severa asociada a virus del papiloma humano, lesión escamosa de alto grado (NIC III + VPH), o en los casos de lesión por cáncer cervicouterino in situ o etapa 0.

Para todos estos procedimientos es recomendable dar seguimiento mediante colposcopía y toma de muestra para el estudio de papanicolaou cada cuatro meses en el primer año y posteriormente cada seis meses por un lapso de cinco años, después anualmente por toda la vida.

¿CUÁLES SON LOS TRATAMIENTOS PARA EL CÁNCER CERVICOUTERINO?

13

TRAS EL CONTAGIO DE LA INFECCIÓN por el virus del papiloma humano sobreviene el desarrollo posterior de la lesión precursora en el cérvix uterino, llamada displasia. Posteriormente, debido a la susceptibilidad de la mujer infectada determinada por su estado: sistema inmunológico disminuido, aunado a una alimentación deficiente y por la falta de la prueba del papanicolaou, se da pie al desarrollo de cáncer en el cérvix uterino.

El cáncer cervicouterino se clasifica en etapas, que van de la I a la IV y se subdividen en *a* y *b* —excepto la I que tiene una tercera subdivisión.

Esto se da dependiendo de las áreas contiguas que vaya invadiendo el tumor maligno y la magnitud con que lo haga, así como de la extensión y profundidad.

Por ejemplo, la etapa I se subdivide en *a, b* o *c,* dependiendo de si la lesión rebasa o no los cinco milímetros de profundidad y de extensión. Las etapas II, III y IV sólo se clasifican en a o b, dependiendo de si afecta a la primera porción de la vagina, si hay afección en la vejiga o en el recto o si se encuentra diseminada más allá de la pelvis, tal como en pulmón, cerebro, huesos, etcétera.

Hay diversas modalidades de tratamiento, según la etapa en la que se encuentre la paciente:

- *Radioterapia:* con aplicación de quimioterapia para provocar sensibilidad en el tumor radiado, llamada quimioterapia radiosensibilizante. Ello se logra con la administración de medicamentos como el cisplatino o el carboplatino, que se aplican por vía endovenosa, semanalmente; suelen ser veinticinco sesiones: una radiación diaria, de lunes a viernes, por cinco semanas consecutivas.

  Esta modalidad de radioterapia se denomina teleterapia, porque se da externamente al cuerpo.

- *Braquiterapia:* Después de una a dos semanas de concluido el procedimiento anterior, se opta por esta técnica, la cual consiste en una radiación interna o intracavitaria. Para ello, la paciente deber ser internada en una habitación protegida con plomo, para evitar una fuga de la radiación, además de realizarle previamente lavado intestinal y colocarle una sonda en la vejiga, pues durante los tres días que dura el tratamiento, la paciente no puede moverse de la posición escogida. La sonda consiste en un artefacto metálico que en la punta posee unas cápsula de material radiactivo que emite continuamente una dosis exacta de cobalto.

  Posterior a este tratamiento, la enferma se somete a una cirugía o una radioquimioterapia.

- *Cirugía radical:* La etapa I da pie a ser tratada por medio de cirugía radical, la cual consiste en retirar el órgano afectado junto con los ganglios linfáticos. Para decidir si se lleva a cabo este procedimiento se toman en cuenta factores como si la paciente es menstruante, joven y delgada. Después de explicarle el método, ella decide dar o no su consentimiento. En caso de que la intervención no sea factible, deberá recurrirse a la radio-quimioterapia sensibilizante, al igual que en las etapas II, III y IV, en las que la cirugía no tiene lugar.

Las consecuencias potenciales o efectos indeseables de la cirugía radical son:

a) Los riesgos referentes a la anestesia, la cual generalmente es regional, o sea mediante el bloqueo peridural, que insensibiliza e inmoviliza desde el borde por debajo de las costillas hacia abajo. Tales riesgos pueden ser, entre otros, la punción inadvertida de la duramadre, que es la capa fibrosa que cubre la médula espinal, provocando que la gran cantidad de anestésico del tipo lidocaína simple o pesada se absorba en este espacio. Si sucede eso, la paciente deja de respirar y, si no fuera asistida mediante respiración artificial, moriría en un lapso de tres minutos. Actualmente, las máquinas de anestesia cuentan con tecnología que permite monitorizar a la paciente segundo a segundo: sensores y alarmas para alertar del oxígeno y bióxido de carbono, así como de la presión arterial continua y del trazo electrocardiográfico, que vigila de forma continua el trabajo del corazón, por lo que al día de hoy, estas complicaciones son menos probables.

b) Los riesgos inherentes a la cirugía, que se potencializan si la paciente tiene una o más cirugías pélvicas, tales como cesáreas, cirugía de trompas u ovarios, apendicectomías o cirugías de exploración dentro del abdomen.

Toda intervención quirúrgica en cualquier parte del organismo deja secuelas que van de leves a severas, puesto que hay un daño de los tejidos: cicatrices gruesas o queloides, adherencias internas con órganos o estructuras vecinos, también denominadas bridas posquirúrgicas que, al intentar despegarlas, la mano operadora o los instrumentos quirúrgicos usados podrían lastimar esas partes, provocando lesiones, que podrían ser una perforación incidental de la vejiga, intestino delgado y grueso, ureteros (son los tubos que van del riñón a la vejiga descargando la orina en ella, y pasan a los lados del útero o matriz), o también lesión a los vasos sanguíneos (encargados de llevar la sangre a los órganos de la pelvis).

c) Hemorragias o sangrados graves que puedan desestabilizar a la paciente o que lleguen a ameritar una transfusión sanguínea, lo cual implicaría un riesgo si la sangre estuviera en malas condiciones o no hubiera sido estudiada, situación que es poco probable en las clínicas, hospitales o centros médicos serios debidamente autorizados.

d) Infecciones posteriores a la cirugía por haber sido realizada en lugares carentes de calidad e higiene, incluso por no haber tratado previamente una infección no diagnosticada en el área tratada, como infecciones de orina, de las vías respiratorias altas, de la piel o de la vagina.

Para ello existe la administración pre, trans y/o postoperatoria para evitar estos eventos indeseados, y hay que tomar en cuenta si la paciente es alérgica a alguno en especial.

e) La inexperiencia y seriedad del equipo que realizará la cirugía. Lo mejor es que tal equipo sea comandado por un cirujano capacitado para este tipo de cirugía, tal como el ginecólogo oncólogo o el cirujano oncólogo, que estén familiarizados con el procedimiento.

f) El médico patólogo debe tener la experiencia en revisar piezas quirúrgicas, para diferenciar con certeza los diferentes tipos de cáncer existentes. Otra habildad que debe tener es la capacidad de disecar todos los ganglios extirpados durante la cirugía y marcar adecuadamente los bordes de los cortes en los límites a los que llegó el cirujano, para así determinar si la cirugía fue un éxito completo o parcial y si la paciente debe complementar con quimio-radioterapia su curación.

El seguimiento posterior de la paciente es importante para documentar su estado libre de la enfermedad.

Las consecuencias de la quimioterapia radiosensibilizante prácticamente son nulas o escasas: la reacción que presenta todo organismo cuando se le administran sustancias: complicaciones alérgicas, etcétera.

La radioterapia radical consiste en la radiación externa o teleterapia, que se aplica en la parte baja del abdomen, más o menos desde el ombligo hasta las ingles, tanto por el frente como por detrás, y radia la vejiga, la vagina, el cérvix, el útero —incluyendo ovarios—, los intestinos —tanto delgado como grueso—, el colon y el recto.

La braquiterapia o intracavitaria consiste en radiar intensamente el cuello y el fondo vaginal, abarcando los ligamentos que sostienen al útero, llamados cardinales o de McEnrodt.

Toda radiación recibida por el organismo, ya sea la proveniente del sol o de los diversos aparatos que la emiten —como los de radioterapia controlada, pantallas luminosas, cables del tendido eléctrico, radiodifusoras, antenas de telecomunicación por cable o aire como la telefonía celular, etcétera—, es acumulada para toda la vida.

Comparada con las anteriores radiaciones, la ionizante con material radiactivo es más alta en cantidad y más agresiva para el cuerpo, independientemente de si es utilizada con fines terapéuticos, por lo que afecta, aunque sea de manera leve y sin repercusiones mayores, nuestros órganos y tejidos, huesos y ligamentos, fascias y músculos, nervios o estructuras nerviosas. Por ejemplo, la piel podría quemarse al igual que el resto de los tejidos musculares y tendinosos; la mayoría de las veces se recupera de manera pronta, pero en ocasiones lo hace de manera tardía o con consecuencias irreversibles.

El hueso podría descalcificarse, quedar débil y fácilmente quebradizo.

Si se radía encima del corazón, podría alterarse tanto su estructura muscular como la conducción eléctrica que lo estimula.

La paciente radiada debido a cáncer cervicouterino puede presentar, tiempo después de la intervención, sangrado al orinar o por el recto al defecar, situaciones que deben ser tratadas por el médico.

La vagina tiende a cerrarse por endurecimiento de sus paredes, por lo que las pacientes con vida sexual deben reiniciarla lo más pronto después del tratamiento. Se recomienda el uso de algún gel lubricante para hacer más cómoda la penetración. Lo mejor es que tengan relaciones sexuales de manera cotidiana para evitar que las paredes vaginales se peguen definitivamente.

Toda paciente tratada por cáncer cervicouterino invasor debe ser revisada por su médico especialista cada seis meses, por lo menos. Durante la consulta, la paciente debe externar cualquier duda o síntoma anormal. Además del examen de papanicolaou, el médico debe determinar si la enfermedad ha invadido algún otro órgano. Para ello se valdrá de diversos exámenes, como ultrasonido o radiografías, tomografía axial computada helicoidal o de la resonancia magnética nuclear, según sea el caso.

Nunca podemos decir, en estos casos, que se ha obtenido la curación, pues los índices de recaída o recidiva se presenta entre 10 y 95% de los casos, dependiendo de la etapa determinada previo al tratamiento.

Por eso es importante que las pacientes estén debidamente informadas al respecto, para que no se descuiden en la creencia de haber obtenido la curación total y permanente.

¿QUÉ PASA SI NO ME TRATO O SI DEJO EL TRATAMIENTO PARA DESPUÉS?

14

Sólo en determinados, selectos e infrecuentes casos la decisión sobre un tratamiento urgente debe ser tomada.

Si se tratara de una hemorragia profusa provocada por un cáncer invasor del cérvix, que lo esté ulcerando gravemente, la paciente debe someterse lo más pronto posible a radioterapia hemostática. Es decir, recibir altas dosis de radiación en un periodo de cinco días para detener la hemorragia y después estabilizar, recibir transfusión en caso necesario y continuar con el tratamiento de radioquimioterapia sensibilizante. Ésta es la única urgencia respecto a un cáncer cervicouterino donde la vida corre un peligro inminente.

Todos los demás casos tienen el tiempo necesario para tomar la decisión más adecuada: *seis semanas como máximo.* Hay casos en que el término *cáncer* lleva a la paciente y a sus familiares a pensar que debe tomarse una decisión en ese preciso momento, pues desconocen que la enfermedad o lesión ha llegado hasta ese punto por la desidia o por lo silencioso de su avance. También puede ser que el médico encargado no especialista o no experto en el tema aproveche la coyuntura para indicar un tratamiento inmediato, sin pensar en el daño físico, moral y económico que infringe. Esos médicos irresponsables no toman en cuenta las secuelas probables, ni el empobrecimiento en el pronóstico de vida para la portadora de la enfermedad al practicarle un tratamiento equivocado o limitado.

Actualmente existe información seria en Internet sobre cada una de las lesiones y circunstancias posibles. Además, están disponibles las clínicas de displasia en los hospitales del sector salud y casi en todos los hospitales de segundo nivel; igualmente en la práctica privada hay opciones de médicos subespecialistas en ginecología oncológica, sólo basta consultar los directorios médicos.

El mejor tratamiento es aquel que se decide concientemente, con la información correcta. El que se elija, si se hace con bases sólidas, será el más adecuado por ser específico, accesible, factible, confiable y comprobable mediante las pruebas subsecuentes, de acuerdo con el proyecto de vida de cada mujer. Por ejemplo, a una displasia moderada o severa que persiste en una paciente que desea tener hijos, le corresponde llevar un tratamiento conservador para no cerrar esa posibilidad; pero si la mujer ya tiene el número de hijos deseados y planeados, entonces la mejor decisión sería la de retirar su útero o matriz mediante la histerectomía.

El cáncer invasor, como se explicó ampliamente en capítulos pasados, no da opción de manejo conservador, a menos de que la paciente rechace la cirugía. En ese caso, debe deslindar de responsabilidad legal al médico, al hospital correspondiente y/o al equipo multidisciplinario encargado.

¿Qué pasa si no me trato?

Todo padecimiento tiene su evolución natural, algunos son autolimitados —como la gripe o resfriado común, la influenza estacional, la diarrea alimenticia, las infecciones de garganta no complicadas, etcétera—, o sea que incluso sin tratamiento específico tendrán su curso inalterable. En cambio, otros si no se tratan adecuadamente avanzarán hasta provocar el daño específico al órgano, que ocasionará la muerte —como la hepatitis c, la aterosclerosis coronaria, la hipertensión arterial, la insuficiencia renal y la obesidad. A este segundo grupo pertenece cualquier tipo de cáncer.

 Si decides no tratarte, el resultado será la muerte.

Las lesiones precursoras de un cáncer cervicouterino son *curables* con un manejo específico. Esto es, la paciente queda libre de la lesión o enfermedad, así como de secuelas secundarias.

La etapa I del cáncer cervicouterino, en sus modalidades a y b, tiene una tasa de curación del 99% y del 93% respectivamente, cuando son debida y oportunamente tratadas.

El avance del cáncer cervicouterino es imprevisible. Puede causar daño a los órganos vecinos: vejiga, recto, vagina, periné e ingles; aunque también puede afectar órganos como pulmones, hígado, cerebro, hueso de la pelvis y columna, así como generar obstrucción de las vías urinarias altas e insuficiencia renal crónica y aguda. Por último, provocaría la muerte. Ese es el camino lógico y seguro si la paciente decide no tratarse.

¿CÓMO SERÁ MI VIDA
A PARTIR DE AHORA?

15

UNA VEZ MÁS, veamos el caso de Laura, quien desde que recibió la noticia por parte de su médico ginecólogo del diagnóstico del examen de papanicolaou, de las posteriores consultas y del tratamiento final, ha cursado con ensimismamiento, tristeza y apatía las diferentes actividades que comúnmente desarrolla en casa y en la escuela. Ha tenido dificultad para conciliar el sueño y se encuentra distraída tanto en sus clases como al hacer las tareas. Ha dejado de lado las obligaciones en casa, como arreglar su cuarto y hacerse cargo del lavado de su ropa y cooperar con el lavado de trastes después de la cena.

Ha sufrido una baja en su rendimiento escolar. Padece la observación escrupulosa de sus actos por sus padres y hermanos, quienes le preguntan por su estado de ánimo. Ella les responde que no pasa nada, que sólo está preocupada por la presión escolar.

Al día siguiente de su criocirugía, tuvo flujo vaginal muy líquido, rosado, que le hizo usar además de tapón vaginal, más toallas sanitarias que las comunes, por lo que su mamá se da cuenta de que algo raro pasa.

Laura se llena la cabeza con un sinfín de cuestionamientos, de pensamientos culposos sobre su inicio inmaduro de las relaciones sexuales. Se siente incómoda al recordar que fue cuestionada por el médico tratante sobre el número de parejas sexuales, del tipo de encuentros sostenidos. Ella sabe que todos fueron furtivos, en hoteles y moteles de paso, o en las casas y departamentos de ellos, en las recámaras de la casa donde se organizaba la fiesta en turno, dizque platicando sobre la intimidad, y que terminaban en caricias tan íntimas que llevaban inexorablemente al coito apresurado, más urgido por sus novios que por ella misma. Claro, a ella no le desagradaba gozar de esa sensación placentera que le es difícil explicar.

Luego, recordaba los regresos a casa a altas horas de la noche, donde encontraba a su madre esperándola con cara de cansancio, desvelo y preocupación por recibir sana y salva a su hija; lo segundo siempre así parecía, pero lo primero no siempre sucedía así.

Ahora se sentía, al mismo tiempo, sucia por el contagio del virus del papiloma humano y decepcionada por su comportamiento fuera de la educación y de los consejos que su madre le prodigaba.

Con todos esos pensamientos revoloteando sobre su cabeza, momento tras momento, se da cuenta de que no fueron suficientes tantos ejemplos expuestos, algunos reales y otros aderezados por la imaginación enriquecida por las telenovelas que su madre veía cada tarde.

Dentro de los sueños que Laura tiene, entre otros, está el de ser madre más adelante, cuando termine la carrera y contraiga matrimonio, forme un hogar y conciba dos hijos, a los que va a querer mucho y les prodigará toda la atención. Pero de repente la asalta el pensamiento de si la lesión se convierte en algo peor, como un cáncer.

Más tristeza la invade, que la hace conjeturar cada uno de sus actos que llevaron como resultado el haber contraído involuntariamente y sin malicia, una enfermedad que le pudo haber complicado desde la función reproductiva, hasta la vida misma.

Después de dos largos meses y después de tres sesiones para tratar sus lesiones en el pene, su novio Juan Manuel es dado de alta. Durante ese tiempo su relación se desmorona, al grado de que apenas cruzan palabra por celular.

Ella sortea todo tipo de preguntas y los intentos de sus padres por investigar qué le pasa. Husmean entre sus cosas, en su portal de Facebook, en los mensajes del messenger y del teléfono celular, además de hablarle a cada una de las amigas de Laura.

Toda esa investigación terminaba en nada, pues Laura se avergüenza de su comportamiento y no desea que sus amigas las señalen como infectada y la estigmaticen, a sabiendas de que la mayor parte de sus compañeras sostienen o ya han iniciado relaciones sexuales y que, paradójicamente, aquella que aún conserva su virginidad, está más marcada que las demás.

Después de las dos semanas que el médico ginecólogo le comunicó que estaría con el flujo genital acuoso y abundante, éste se volvió escaso y más limpio que el común y sus menstruaciones no sufrieron alteración alguna pues el tratamiento no tiene repercusión hormonal.

Por fin llegan a su término los tres meses de plazo que le recomendó su médico para su nueva revisión y la toma del siguiente estudio de papanicolaou.

Durante la revisión le informa que no hay lesión observable microscópicamente. Le toman su muestra mediante el cepillo fino y esperarán el resultado que tendrán en una semana más.

Sin más tratamiento indicado, Laura deja el consultorio para esperar el paso de los siete días venideros.

Una semana después, suena su celular y escucha la voz esperada del ginecólogo. Le informa que el resultado es negativo y que, por lo pronto, se encuentra libre de la lesión y del progreso de la misma.

Regresa la vida misma, el ánimo y su original sonrisa al rostro.

En el entendido que debe llevar su observación periódica y el chequeo que mediante la toma del papanicolaou tendrá que seguir practicándose.

Termina su relación con Juan Manuel y se compromete con ella misma a graduarse sin distraerse hasta el final.

Laura, a pesar de tener muchas compañeras que cursan con ella la carrera de derecho y de saber que la mayoría de ellas tienen ya vida sexual, no siente la suficiente confianza en alguna de ellas, porque sabe que a la primera en contárselo será la primera en divulgarlo a los cuatro vientos.

Supone, con justa razón, que se convertiría en el platillo fuerte de toda plática de pasillo o de café, de compañeras de lavabo o de sanitario, siendo el centro de las miradas acusadoras y de otras compasivas pero llenas de malos augurios, además de descalificaciones sin sentido.

Durante todo el proceso que duró su tratamiento y la recuperación de él, su comportamiento en la facultad, como en su casa, fue el de mantenerse retraída y absorta de cualquier otra actividad superficial, rechazó las invitaciones al cine o a tocadas de tal o cual grupo de rock. Incluso dejó de acudir al gimnasio, al que tanto interés le ponía.

El proceder huraño y apartado, que sin ser consciente y provocado, sino espontáneo y secundario a todo ese mar de pensamientos pesimistas, llegó a su fin después de recibir de viva voz el resultado de un estudio más de papanicolaou.

¿QUÉ DEBEN SABER MI FAMILIA, 16
MIS AMIGOS Y MIS EMPLEADORES?

PARA JOSEFINA LA CENA es su momento preferido porque puede estar con sus tres hijos y platicar lo del día transcurrido. Esta noche recordó aquella donde tuvo que darles la noticia de su cáncer: fue al término de la cena y después de acostar al más pequeño, Josefina se dispuso a platicar con los dos mayores con el pretexto de pedirles que le ayudaran a limpiar el frijol que acababa de comprar. Después de que escucharon la fatídica y mortal palabra *cáncer*, ambos hijos lloraron desconsoladamente. Se levantaron de sus sillas y abrazaron fuertemente a Josefina. Ellos le expresaron su apoyo incondicional en todo y estuvieron dispuestos a enfrentar la realidad por la que estaba cursando su madre.

Emprendieron entonces una cruzada férrea en doblar su esfuerzo: continuaron sus estudios y comenzaron a trabajar de medio tiempo. Joanna como despachadora de mostrador, además de ganar un poco más en la envoltura de regalos y en el forrado de libros; Brian en una tienda de autoservicio acomodando los estantes de latería y de vinos y licores, además de hacer entregas de despensa a domicilio al finalizar su jornada.

A pesar de permanecer incapacitada en el transcurso de su tratamiento integral y de su recuperación, Josefina regresó a sus labores en la fábrica después de cuatro meses, y como ha sido una disciplinada obrera, sus patrones le guardaron su puesto.

Así pues, esa enfermedad tan grave, que en tiempos pasados era mortal, a Josefina le resultó una oportunidad para el mejoramiento de la dinámica familiar y crecimiento humano de sus dos hijos mayores, pues a partir del ejemplo de su madre han mejorado su desempeño en sus estudios, haciendo conciencia en lo que es mantener una casa, valorando la función que por partida doble ha desempeñado su madre.

Al mismo tiempo, Josefina se dio cuenta de que el esfuerzo noble y honesto en su trabajo de obrera fructificó, pues no sólo lo conservó, sino que logró un aumento de salario, y tiene claro que posee acceso a una institución de salud que la ha apoyado en todo su tratamiento.

Ha tenido que guardar discreción entre sus compañeras, sobre todo con sus supervisoras, cuyo trabajo consiste en desacreditar a cada una de las trabajadoras por cualquier detalle, y no a elevar la calidad y calidez laboral. Por ello prefiere callar, aunque sabe que compartirlo serviría para aligerar la carga emocional.

Durante los primeros días después de su reincorporación al trabajo, a su cabeza sólo llegaban pensamientos de culpa por no haberse dado el tiempo suficiente para ver por ella, y porque ahora era consciente de que con un sencillo y oportuno tratamiento hubiese evitado llegar a esa cirugía tan especializada. Sabía que había puesto su vida en serio riesgo y la de sus hijos. Esos momentos de autorreproche, de castigarse con el pesar del *hubiera*, le ayudaron a comprender que el hecho de que su compañero eyaculara dentro de ella, no sólo provocaba la posibilidad de gestar un nuevo ser no deseado, sino que le contagió el virus que le provocó un grave problema de salud.

Ahora que he vuelto a la normalidad para desenvolverme en mi trabajo y mi hogar, que estoy sana y no contagio mal alguno, que la enfermedad y su tratamiento me han devuelto la salud y mis capacidades propias, quisiera darle este mensaje a mis patrones y a todos los del país: el hecho de contraer el VPH o de padecer cáncer cervicouterino no deben ser motivo de discriminación, de despido o liquidación, pues las mujeres que lo padecemos somos personas productivas en todo sentido, en lo laboral, familiar, social y personal. Así como las mujeres debemos ser concientes de la prevención y los cuidados de salud sexual, de la misma forma ustedes, patrones, deben entender que se trata de una enfermedad que, como otras, requiere sus procesos y tiempos de recuperación. Después de ello, nos incorporamos nuevamente a la vida con más deseos de seguir adelante.

Josefina

¿QUÉ ES MITO
Y QUÉ REALIDAD?

17

JOSEFINA RECUERDA TIEMPO DESPUÉS con nostalgia los momentos más plácidos con su expareja. Aquellos en los que se suspendía la facultad de pensar siquiera en algo, con la mente en blanco: percibía el orgasmo de su pareja cuando eyaculaba en espasmos, aquel líquido viscoso, pletórico de espermatozoides y entremezclado con múltiples partículas virales de ese deshonrosamente famoso virus del papiloma humano. Qué caros aquellos momentos fascinantes.

Claro, también recordaba con una ligera sonrisa todas las cosas que le dijo aquella amiga suya, "experta" en el tema. Era la única amiga en la que pudo confiar. Si le hubiera hecho caso, ahora mismo los hijos de Josefina serían huérfanos. Por ejemplo, cuando le dijo:

> Fíjese que yo sé que eso de la biopsia en vez de hacer un bien, causa el mal, pues ahí es donde una se contagia.

Veamos. La toma de una porción pequeña, pero representativa de una lesión sospechosa, practicada por un profesional y sobre todo de manera dirigida con la visualización directa con una lente de aumento, no favorece o acelera el crecimiento de una lesión cancerosa, por lo que las tomas de biopsia indicadas son de suma importancia para poder nombrar a la enfermedad con sus características completas, definir si es o no invasora, si realmente existe o el papanicolaou fue erróneo; si pertenece a determinado tipo o estirpe de tejido del cuerpo, si es de bajo o alto grado, etcétera.

"También me han dicho que después de la cirugía ni guarde esperanzas. Que como son los virus estos, se vuelven a reproducir y es cosa de nunca acabar".

La cirugía a la que fue sometida Josefina asegura que a la noche siguiente de la intervención quirúrgica se acostará a dormir sin cáncer cervicouterino invasor etapa Ib (invasor confinado estrictamente al cuello) ni se despertará con él invadiendo nuevamente todo su cuerpo, sino que permanecerá en casi idénticas condiciones a antes de haber contraído VPH.

"Bueno, pero si te vas a operar hazlo de inmediato porque a la suegra del portero del equipo de futbol le tomaron la biopsia, y cuando llegó el resultado ya la estaban desahuciando. O como a mi prima: la operaron y cuando la abrieron ya estaba toda invadida y se le veía todo así, feo."

La enfermedad permite que sea previsible, programable con tiempo suficiente, por lo que no existe urgencia alguna, la desesperación de la portadora muchas veces provoca que la operen manos inexpertas que se valen de la situación mental de la paciente y de sus familiares auspiciada por la opinión "experta" de los espontáneos que voluntariamente aportan su "humilde pero valiosa" opinión, basada en la experiencia que aporta de manera fiel "el teléfono descompuesto", que hacen desatinar al confundido paciente.

> "Lo mejor, la verdad, es que ni te hagas nada pues mi vecina de todos modos se murió y más pronto."

Josefina guardó cordura y silencio prudente desde que se enteró del diagnóstico definitivo, sólo enteró a sus hijos mayores y a su superior inmediato para ver cuál era el trámite para la incapacidad laboral en la necesidad de seguir trabajando al terminar con su tratamiento.

No he tenido hijos, ¿cómo me afecta el cáncer cervicouterino?

Este es un dilema en el que los médicos no nos queremos encontrar, pues tenemos claro que por un lado está la salud, la vida de la paciente con cáncer cervicouterino y por otro el deseo, en ocasiones instintivo y otras de obligación social, de procrear un hijo.

El tratamiento debe tener como prioridad conservar la vida, en calidad y cantidad, de la mujer enferma, pero al mismo tiempo tomar en cuenta su decisión al respecto. Claro, nuestra obligación es proporcionarle información clara y entendible en términos llanos y generales.

Si a la enferma sin hijos —y obviamente no embarazada— se le diagnostica cáncer cervicouterino etapa 0 o etapa Ia —que significa microinvasor pero confinado al cuello—, sin enfermedad ausente demostrada y confirmada fuera del cérvix, se le puede ofrecer, de desearlo así, un tratamiento conservador, que pudiera ser electrocirugía cervical o vaporización con láser si se cuenta con el recurso.

Ambos procedimientos de consultorio especializado, de carácter ambulatorio, tienen tasas de curación de 97-99%.

También se le debe proponer el cono quirúrgico mediante cuchillo frío o bisturí, para el cual se requiere un quirófano y necesita anestesia regional.

Estos tres procedimientos otorgan curación en un porcentaje muy alto y significativo, permitiendo que la paciente se pueda embarazar en un periodo no menor de un año de certificarse libre de la enfermedad y no interfiere en su deseo ya sea de terminar el embarazo mediante parto vía vaginal o con la intervención cesárea, nacimiento por la vía abdominal, ni limita el número de hijos decididos o planeados.

El problema aparece si la enfermedad se diagnostica en una etapa más avanzada, a partir de la Ib, que se trata de un cáncer cervicouterino invasor aunque confinado al cuello, sin interesar los ligamentos que lo sostienen y descartando su propagación a los ganglios que le corresponden.

En tal caso, la portadora —con diagnóstico confiable de su enfermedad y de su estado localmente avanzado— no tiene otra opción que un cono cervical quirúrgico amplio, que nos referirá si la lesión pudo ser extirpada completamente o queda remanente de ella. Si pasara esto último, eso obligaría a practicarle una histerectomía total radical —retiro completo del útero del cuello restante, además de parte de sus ligamentos que lo sostienen, llamados cardinales—, y la disección completa de la cadena ganglionar bilateral. Si el resultado del examen patológico resulta negativo se podría hablar de curación, pero en caso de que muestre indicios de la enfermedad, tendría que pasar a radioterapia radical complementaria.

A partir de el estadio II en adelante, el tratamiento único para preservar la vida, con el cual se pierde la función reproductiva, es la radio-quimioterapia sensibilizante.

Si la paciente se niega al tratamiento, se le da de alta, previa intervención de trabajo social, de las autoridades del hospital responsable para deslindar su responsabilidad, si se trata de un centro de salud público. En la vía privada, mediante un no consentimiento informado legalmente elaborado, firmado por la paciente, el médico tratante y dos testigos como mínimo, de preferencia de ambas partes.

Queda la paciente a merced de su decisión libremente tomada y respetada, limitándonos a ofrecer la ayuda de tipo paliativo, que significa el aminorar los efectos de la enfermedad avanzada, en cuanto a la intensidad del dolor secundario, la pérdida del control de la micción y la defecación, el daño del cuerpo que sufrirá en la postración final de la enfermedad y en otorgar, en ese punto de la vida, la calidad de muerte necesaria, pues en nuestro país no ha sido legislados ni la eutanasia ni el suicidio asistido.

Estoy embarazada
y tengo cáncer cervicouterino, ¿qué debo hacer?

En las lesiones precursoras

En nuestra sociedad, un número cada vez mayor de mujeres prevén el inicio del embarazo, acuden con su médico para realizar los exámenes de rutina que correspondan. Descartar anemia, diabetes e infecciones de la orina, y aunque no siempre, es muy recomendable llevar a cabo también un examen de detección de sida.

Algunas mujeres se practican también el papanicolaou al mismo tiempo.

Algunas mujeres embarazadas evitan practicarse el examen papanicolaou ante la falsa creencia de que podría causar daño al saco gestacional. Sin embargo, esto no es vedad. Existe una espátula —conocida como espátula de Ayre— que toma células de la parte externa y, discretamente, de la interna del cuello uterino sin ocasionar lesiones.

Esta todavía baja pero importante preocupación por la cultura previa al embarazo ha disminuido el número de casos de cáncer cervicouterino concomitante con la gestación.

Sin embargo, la realidad es que muchos embarazos no son planeados, ni deseados, por lo que no cuentan con control previo alguno, sobre todo las mujeres que poseen múltiples factores que favorecen el VPH: nutrición deficiente, múltiples compañeros sexuales o compañero sexual con historia importante de promiscuidad, pobre o nula educación higiénica sexual, ninguna prueba de papanicolaou previa, tabaquismo, drogadicción, prostitución, etcétera.

La combinación de embarazo y lesión precursora de cáncer cervicouterino asociada a la infección por VPH, complica el cuidado de la gestación.

En tal caso, la vigilancia, estudio y posible manejo depende de tres factores principales:

a) *Edad del embarazo:* primer, segundo o tercer trimestre.
b) *Tipo de lesión:* lesión de bajo grado o displasia leve (NIC I); lesión de alto grado o displasia moderada (NIC II), o severa (NIC III).
c) *Paciente controlada:* esto es, tener la facilidad de que la paciente no se pierda, que acuda a sus chequeos, que sea localizable, etcétera.

La displasia leve o lesión escamosa de bajo grado en el embarazo, es el caso menos complicado pues se debe practicar una prueba de papanicolaou en cada trimestre de la gestación, idealmente con la visualización colposcópica en cada una de ellas y en caso de comprobar que la lesión ha progresado, se procede a la toma de la biopsia correspondiente y de manera dirigida al área sospechosa.

Si se trata de lesiones de alto grado, ya sea moderado o grave, deben checarse mensualmente para vigilar la posibilidad de avance o invasión.

En todos los casos anteriores, lo más recomendable es que el parto sea mediante cesárea, para evitar el paso del bebé por la vagina y muy posiblemente que adquiera la infección por el VPH en su garganta, específicamente a nivel de las cuerdas vocales, lo que le provocaría granulomas incurables que podrían terminar en un cáncer de laringe.

A los tres meses de haber concluido el embarazo, se deben repetir los estudios de papanicolaou, colposcopia y toma de biopsia dirigida, para situar exactamente a la paciente y su enfermedad, y darle el seguimiento adecuado.

Con cáncer cervicouterino

Como en el apartado anterior, deben tomarse en cuenta: la etapa del embarazo, el tipo de lesión y el control sobre la paciente.

En el caso de tener cáncer cervicouterino en la etapa Ia, microinvasor y en la primera mitad del embarazo, o sea, antes de la semana 20 de la gestación, se puede practicar —bajo anestesia regional, mediante el bloqueo peridural— un cono cervical quirúrgico, con bisturí, con profundidad y tratando de respetar el orificio más interno, que es el que mantiene al bebé dentro del cuerpo uterino, informando detalladamente a la paciente de que existe el riesgo de lastimar el saco amniótico, compuesto de dos membranas y la placenta, con riesgo de perder al feto.

Si el embarazo se encuentra en la segunda mitad, entre la semana 21 y la 34, se vigilará con colposcopía y toma de biopsia dirigida. En caso de sospechar avance en la invasión; después de la semana 34 se puede decidir la interrupción de la gestación con o sin el uso de medicamentos que induzcan o favorezcan la madurez de los pulmones del feto, mediante cesárea.

Posteriormente, se dejan pasar tres meses desde el nacimiento para llevar a cabo una nueva valoración mediante citología cervicovaginal (papanicolaou), así cono la visualización mediante colposcopia y una nueva toma de biopsia dirigida que situará a la paciente y su enfermedad.

Más allá de este estadio de microinvasión, todo cambia y se complican las decisiones.

La etapa siguiente ya se trataría de un tumor maligno invasor, es decir, la etapa Ib, que significa invasor confinado exclusivamente al cérvix, siendo ésta la última donde se puede utilizar la cirugía radical como terapia realizable, pero la propuesta médica variará dependiendo del periodo de la gestación cuando se hace el diagnóstico.

En la primera mitad, antes de la semana 20, se puede llevar a cabo la histerectomía radical en bloque, que significa retirar mediante cirugía la matriz o útero gestante (con el bebé dentro), junto con los ganglios linfáticos pélvicos que le corresponden. Este procedimiento debe ser autorizado por la paciente, si se encuentra en condiciones de hacerlo o por sus tutores cuando no. Esperar más tiempo, o sea, hasta la terminación adelantada del embarazo, podría modificar la etapa, empeorando el pronóstico de sobrevida de la paciente. Hago hincapié en que las dos vidas son importantes, pero en estos casos, la de la madre se convierte en esencial sobre todo cuando tiene más hijos que cuidar y proteger.

Sin embargo, se respeta la decisión de ella, siempre y cuando haya sido amplia y correctamente informada sobre los riesgos del avance de la enfermedad y del empobrecimiento de su pronóstico de vida en cuanto a cantidad y calidad.

Si su decisión es la de llevar a cabo el final de la gestación, se deberá llenar un documento legal, firmado por ambas partes, paciente y familiares directos responsables y cuerpo médico que la atiende.

Ahora bien, si el embarazo rebasa las 21 semanas pero se encuentra antes de la 28, se mantiene la expectativa vigilante de posible invasión a los ligamentos que suspenden al cuello uterino. Insisto: debe haber una amplia información previa dada a la paciente y a sus familiares para la toma de alguna decisión en conjunto.

Posterior a la semana 28 y hasta la 34, se pueden utilizar medicamentos que induzcan madurez en los pulmones del bebé, como es la administración de corticoesteroides a la madre, en un lapso de 36 horas y realizar operación cesárea posteriormente, valorando con el equipo quirúrgico si es mejor llevar a cabo el procedimiento radical en el mismo tiempo quirúrgico o esperar el paso de un mes, como mínimo, para que las condiciones del útero vuelvan a su estado casi normal y poder llevar una cirugía tan amplia, de manera más segura y curativa para la paciente.

En el caso de dejar la enfermedad residual, en los límites quirúrgicos, la paciente pasará a la radioterapia y quimioterapia radiosensibilizante, según sea indicada por el oncólogo médico.

De la etapa II en adelante, donde la enfermedad ya rebasa los límites del cérvix uterino e inicia su inexorable avance hacia órganos vecinos y distantes, la única posibilidad es el fin de la gestación en cualquier etapa de la misma, previa autorización ampliamente informada a la paciente y a sus familiares responsables y la quimio-radioterapia inmediatas, pues la diseminación por la vía hematógena (por la sangre) es mayor por la presencia del embarazo. Así, es seguro que semana tras semana el pronóstico empeorará drásticamente.

Por todo lo anterior, abordar un embarazo con cáncer cervicouterino es serio y en ocasiones drástico para el binomio madre-hijo, para la responsabilidad de los médicos tratantes y para la situación médico-legal a la que hay que llegar.

Dejar de lado el pudor por unos instantes para practicarse un sencillo examen podría evitar una vida de tristeza o una pérdida injustificada. Esa es la importancia del papanicolaou.

Es mi primera pareja sexual
y yo la suya
¿Tenemos riesgo de infectarnos?

El cáncer cervicouterino es una realidad que existe en nuestra vida diaria, que se aprovecha de su agente precursor que es el VPH y cualquier persona puede contraerlo mediante la práctica de su vida sexual bajo estos simples factores:

- Inicio precoz de la vida sexual, antes de los 18 años
- Múltiples parejas sexuales, tener o haber tenido más de tres
- Compañero(a) sexual con historia de múltiples parejas, más de tres
- Poseer la infección por VPH
- Portar la infección por VIH
- Tabaquismo

En sus lesiones precursoras y en sus etapas iniciales es curable, bajo el tratamiento específico.

En cualquier nivel de atención a la salud existe el recurso suficiente para su diagnóstico temprano, el tratamiento oportuno y el seguimiento adecuado, siempre y cuando la paciente se responsabilice por su estado de salud y su cuidado.

No existe riesgo en la mujer virgen, ni en la pareja si se conocieron vírgenes y que se conserve monogámica (sexo practicado sólo entre ellos dos).

Recordemos que existe la vacunación para el VPH, en sus dos modalidades, la bivalente (Cervarix) que posee dos subtipos del virus 6 y 10 y la tetravalente (Gardasyl) con los subtipos 6, 10, 16 y 18 que son los más frecuentes y que protegen a la vacunada hasta en un 80% de contraer un VPH y desarrollar su lesión posterior; inmunizaciones ideadas para la población virgen a partir de los 8 y hasta los 21 años de edad.

La enfermedad existe y su tratamiento curativo también, hay que buscarlo con la mente abierta.

No se justifica ninguna pérdida humana por esta causa, ni en las más desesperantes en cuanto a la carencia tanto económica, como del recurso técnico y cada muerte de una mujer, que deja sin control al núcleo familiar, que se lleva decenas de años potencialmente productivos, que genera mayor gasto familiar y asistencial, es una vergüenza para cualquier gobierno, sin importar nominación o tendencia política y un luto inmerecido para una sociedad como la de hoy.

Cuídate, pues tú eres todo lo que tienes